CONTABILIDADE PARA TODOS

.

CONTABILIDADE PARA TODOS

DINA ROCHA · GRAÇA AZEVEDO
ANA MARIA RODRIGUES

INICIAÇÃO
À CONTABILIDADE

—

TÃO SIMPLES
COMO CORTAR
A RELVA!

2ª EDIÇÃO

CONTABILIDADE PARA TODOS
INICIAÇÃO À CONTABILIDADE: *TÃO SIMPLES COMO CORTAR A RELVA*
AUTOR
Dina Rocha
Graça Azevedo
Ana Maria Rodrigues
1ª edição: Outubro, 2014
EDITOR
EDIÇÕES ALMEDINA, S.A.
Rua Fernandes Tomás, nos 76, 78 e 79
3000-167 Coimbra
Tel.: 239 851 904 · Fax: 239 851 901
www.almedina.net · editora@almedina.net
PAGINAÇÃO
EDIÇÕES ALMEDINA, S.A.
DESIGN DE CAPA
FBA./Ana Simões
PRÉ-IMPRESSÃO, IMPRESSÃO E ACABAMENTO
PAPELMUNDE

Setembro, 2018
DEPÓSITO LEGAL
411835/16

Os dados e as opiniões inseridos na presente publicação são da responsabilidade do(s) seu(s) autor(es).
Toda a reprodução desta obra, por fotocópia ou outro qualquer processo, sem prévia autorização escrita do Editor, é ilícita e passível de procedimento judicial contra o infractor.

 GRUPOALMEDINA

BIBLIOTECA NACIONAL DE PORTUGAL – CATALOGAÇÃO NA PUBLICAÇÃO

ROCHA, Dina, e outros

Contabilidade para todos : iniciação à contabilidade : tão simples como cortar a relva! / Dina Rocha, Graça Azevedo, Ana Maria Rodrigues. – 2ª ed.
ISBN 978-972-40-6582-3

I – AZEVEDO, Graça
II – RODRIGUES, Ana Maria

CDU 657

PREFÁCIO

Trata-se de um livro que se destina a introduzir os leitores no mundo esotérico da contabilidade de um modo muito intuitivo e baseando-se numa historinha, que vai permitir perceber o lançamento de um negócio por um jovem empresário, um jovem muito jovem, o nosso Toninho. Um jovem que estuda num liceu da nossa cidade e que aproveita uns trocos ganhos em tarefas realizadas durante as suas férias de verão para lançar o seu próprio negócio. Um verdadeiro empreendedor dos tempos modernos!

Desculpem os mais versados, a simplicidade da historinha porque optámos, mas o que importa é que esta possa ser integralmente entendida por jovens de todas as idades. Pode entender-se esta opção metodológica como uma infantilidade? Não! Foi nossa intenção clara mostrar a todos, que até os assuntos mais complexos se podem tornar simples e entendíveis por todos, independentemente da idade do estudioso da coisa.

O livro encontra-se organizado de modo que se perceba o lançamento de um negócio, associando os requisitos que qualquer empresário deve atender para prestar a informação necessária para os decisores económicos tomarem as suas decisões.

Partindo da necessidade de informação sobre um negócio, passando pelas demonstrações financeiras, dos seus elementos, entre muitos outros assuntos tratados, foi-se avançado passo a passo, introduzindo os diferentes conceitos contabilísticos, de tal modo que estes se tornassem intuitivos para todos. A forma de escrita adotada, com perguntas orientadas e sucessivas até à obtenção da resposta definitiva, tem como objetivo a criação de interação efetiva e emocional com o leitor. Fazendo uso de todos os seus sentidos, emoções e capacidade de pensamento crítico, o leitor será levado a refletir e a obter respostas. Mais do que qualquer outro processo cerebral, as perguntas ajudam-nos a refletir, a compreender e a aprender. Trata-se de uma experiência de aprendizagem que irá transmitir competências básicas na área da contabilidade e dos negócios.

O nosso objetivo foi claro, esperemos que possa assim ser entendido pelos leitores que arrisquem a debruçar-se sobre um livro, que se centra numa história infantil, que conduziu à criação de uma nova entidade empresarial intitulada *Toninho CORTA-RELVAS, Lda.* para explicar conceitos complexos ao longo de pouco mais de 150 páginas.

Para os leitores mais versados nestas matérias, importa atender à sua paciência, já que alguns dos conceitos apresentados nesta obra, são-no de modo simples, o que pode conduzir a alguma perda de rigor, atendendo ao novo enquadramento contabilístico e, também, societário. Esse foi um risco que conscientemente decidimos correr, com todas as limitações que esta opção acarreta, mas em proveito de uma ideia, ou seja, que todos os que queiram iniciar um negócio possam seguir o exemplo do nosso Amigo Toninho.

Os objetivos a atingir com esta publicação são muito modestos e visam apenas facultar aos menos versados na linguagem da contabilidade, um instrumento que lhes permita ganhar fôlego para dominar esta complexa linguagem.

Para os nossos alunos em particular, este pequeno livro permitir-lhes-ão seguir com mais facilidade as primeiras aulas de contabilidade financeira nas diferentes licenciaturas da área de economia, gestão, contabilidade, entre muitas outras licenciaturas onde a nossa ciência ponteia os curricula académicos.

Em síntese, o carácter eminentemente simplista do manual, sem menoscabo dos aspetos formativos e técnicos, que se nos afiguram indispensáveis à formação de qualquer empresário, assume relevo significativo, sendo opção clara uma rigorosa definição dos principais conceitos da contabilidade. Também a natureza introdutória de algumas das matérias tratadas que conduzirá a que as soluções propostas sejam naturalmente as possíveis para a resolução dos problemas à medida que as questões vão surgindo, mas para um nível de conhecimento inicial nestas matérias, sendo certo que a função primacial da Contabilidade só é verdadeiramente cumprida se cada um, de per si, fizer o esforço intelectual de reflexão, argumentação, e assunção dos riscos de uma resposta ao problema concreto proposto, particularmente, num ambiente normativo-contabilístico cada vez mais complexo, como é aquele que vivemos nos nossos dias.

Que esta obra possa proporcionar a todos os seus leitores o mesmo prazer que a sua elaboração proporcionou às suas autoras.

Divirtam-se com a história do Toninho e da sua empresa: *Toninho CORTA-RELVAS, Lda.*, dando os primeiros passos nesta ciência e técnica que, genericamente, designamos de Contabilidade Financeira.

Coimbra, setembro de 2014
Ana Maria Rodrigues

PREFÁCIO DA 2.ª EDIÇÃO

Com este novo e pequeno prefácio pretende-se agradecer aos inúmeros leitores da história da Sociedade "Toninho Corta-Relvas, Lda.".

Foram muitos os que, sem preconceitos pela simplicidade da história, decidiram partilhar esta aventura.

Uma palavra de agradecimento muito especial aos meus formandos das várias Edições do curso de "Contabilidade para Juristas", que muito carinhosamente aceitaram este desafio. Claro que a muitos mais estudantes este agradecimento é devido. O nosso muito obrigada pelo incentivo para continuarmos a atualizar e a melhorar esta obra.

Esta segunda edição foi atualizada e melhorada com a introdução de mais um capítulo, com o registo das operações realizadas na Toninho Corta-Relvas, Lda., bem como um capítulo final com questões de escolha múltipla, que lhe permitirá testar os conhecimentos que obteve nos primeiros seis capítulos desta obra.

Boa leitura e que esta iniciação à contabilidade possa representar um começo na vida profissional de muitos leitores,

Junho de 2016
Ana Maria Rodrigues

A todos aqueles que desejam mergulhar no mundo complexo da contabilidade.

INTRODUÇÃO

A contabilidade é internacionalmente conhecida como a linguagem do mundo dos negócios. Neste mundo, é preciso obter resposta a diversas questões, tais como: *A empresa obtém lucro e é competitiva? E no futuro continuará a obter lucros? A empresa tem capacidade para cumprir todos os seus compromissos presentes? E futuros?*

Para responder a todas estas e a muitas mais questões é necessário entender o que é a informação financeira e compreender como é produzida e apresentada, pois só assim é possível usá-la como base para a tomada de decisões que assegurem o crescimento de um negócio.

A história de negócios aqui apresentada vai permitir que se familiarize com a linguagem dos negócios e das empresas e que adquira uma compreensão das figuras contabilísticas principais e de como estas são criadas, tornando-se uma pessoa capaz de entender verdadeiramente a informação contida nos principais mapas contabilísticos, ou seja, nas Demonstrações Financeiras (DF).

A forma de escrita adotada, com perguntas orientadas e sucessivas até à obtenção da resposta definitiva, tem como objetivo a criação de interação efetiva e emocional consigo, enquanto leitor. Fazendo uso de todos os seus sentidos, emoções e capacidade de pensamento crítico, será levado a refletir e a obter respostas. Mais do que qualquer outro processo cerebral, as perguntas ajudam-nos a refletir, a compreender e a aprender.

Trata-se de uma experiência de aprendizagem que irá transmitir competências básicas na área da contabilidade e dos negócios.

Esta experiência destina-se a si, que é uma pessoa que gosta de negócios e que quer vir a trabalhar no mundo empresarial. Com ela, poderá aprender a comunicar nesse mundo. O conhecimento e entendimento da contabilidade são fundamentais para o sucesso de um negócio. Destina-se também a todos aqueles que necessitam de ter conhecimentos contabilísticos, mas que não gostam de contabilidade e que a consideram um "bicho de sete cabeças".

Todos podemos compreender a contabilidade de uma forma simples e divertida, como se de uma história de negócios se tratasse.

Está pronto para aprender com esta história? Vai aceitar este desafio?

Conhece a história da formiga e da cigarra? Se não, páre um pouco e vá perguntar sobre ela a alguém ou faça uma pesquisa na *internet*. Facilmente encontrará quem lhe a conte.

A formiga é um animal trabalhador que trabalha em equipa e vive integrada em uma comunidade. É muito forte, apesar de pequena, e persistente, pois não desiste às primeiras dificuldades. É arisca, enérgica e vivaça; é aventureira e, ao contrário da cigarra, a formiga é previdente, planeia a vida com antecedência.

Siga o exemplo da formiga, seja persistente e inicie a leitura desta história para poder vir a ser, um empresário de sucesso ou um especialista em contabilidade! Compreender a contabilidade exige determinação e muito trabalho. Se for persistente como a formiga, ficará surpreendido com a quantidade de conceitos e técnicas que vai aprender sobre contabilidade.

1
—
A EMPRESA
E A INFORMAÇÃO
FINANCEIRA

A EMPRESA

Vamos começar pelo início. **O que é uma empresa?**

A padaria onde compra o pão de manhã, o supermercado onde adquire os mais variados bens, a clínica de saúde oral, onde vai ao dentista, o *site* da *internet*, onde encomenda e compra um livro, **são empresas? Sim, claro que são!**
A padaria é constituída por um conjunto de pessoas, máquinas, edifícios, matérias-primas e outros recursos, que se organizam e combinam de tal forma, que resultam na produção de um bem – o pão.
O supermercado também é formado por um conjunto de pessoas, máquinas, edifícios, mercadorias que se organizam e combinam de tal modo, que resulta na distribuição e comercialização de vários bens – desde alimentos, bebidas, produtos de limpeza, eletrodomésticos, produtos de casa e decoração, brinquedos, livros e artigos de escritório, ferramentas, roupa, etc.
A clínica de saúde oral, tal como as empresas anteriores, é constituída por um conjunto organizado de pessoas, máquinas e edifícios, que se combinam de tal forma, que resulta na prestação de um serviço – as consultas.
O *site* de vendas que existe na *internet*, por sua vez, é constituído por um conjunto organizado de pessoas, computadores, linha telefónica, que estão organizados de forma a distribuir e comercializar bens – um livro, uma máquina, um computador, entre outros artigos que podem ser entregues ao domicílio.
Consegue apresentar uma definição de empresa e responder à questão inicial: **O que é uma empresa? Claro que consegue!**

EMPRESA
É o conjunto de meios que se organizam e combinam com vista a exercer uma atividade económica (…).

Quais os vários meios, ou recursos, que se podem organizar e combinar? E que atividades podem resultar da organização dos recursos?
Os meios podem ser, por exemplo, pessoas, máquinas, edifícios, matérias e mercadorias. As atividades que resultam da sua combinação são a produção, distribuição, comercialização e prestação de serviços.

As empresas produzem, comercializam e distribuem bens e serviços que se denominam de bens materiais, quando são constituídos por matéria (por exemplo o pão e os produtos vendidos no supermercado), e de imateriais ou serviços quando não são constituídos por matéria, como é o caso da consulta do dentista. Mas, quer os bens materiais quer os imateriais são bens económicos.

Existem também os bens livres, como o sol, a água do mar, o ar que se respira e muitos outros. Os bens económicos distinguem-se dos livres porque para serem obtidos têm que ser adquiridos, isto é, o homem necessita de despender recursos para a sua obtenção. As empresas desenvolvem atividades de produção, comercialização e distribuição de bens económicos.

A generalidade das empresas desenvolve a sua atividade com que objetivo? Para obter lucro, claro!
As empresas têm como objetivo a obtenção de lucro, isto é, a obtenção de um valor maior do que os gastos que suportaram com a produção e venda e/ou prestação do serviço, ou seja, pretendem obter vantagens ou benefícios económicos no presente e no futuro. A empresa obtém e obterá benefícios económicos se a aplicação dos seus recursos (mão-de--obra, máquinas, matérias, entre outros) resultar em uma vantagem quer para si, quer para outras empresas, quer para a sociedade em geral.

Para qualquer empresa conseguir obter lucro é necessário que o ser humano (o consumidor), ou outra empresa, compre os seus bens ou serviços, uma vez, outra, outra e outra. É necessário que a empresa venda hoje e continue a vender amanhã, para obter benefícios económicos no presente e no futuro.

Ora, o consumidor, para comprar, tem que necessitar desses bens e serviços. Ou seja, as empresas produzem determinados produtos/serviços porque o consumidor necessita deles para satisfazer as suas necessidades.

O objetivo principal de uma empresa é, portanto, satisfazer as necessidades de outras empresas ou do consumidor final, pois só assim garante os seus benefícios económicos presentes e futuros.

Podemos agora completar a definição de empresa:

 Uma empresa é um conjunto de meios que se organizam e combinam com vista a exercer uma atividade económica, com o objetivo de satisfazer as necessidades humanas.

No mundo dos negócios, podem-se usar outros termos com o mesmo significado de empresa[1], por exemplo unidade económica, entidade, sociedade, etc.

Em Portugal um grande número de empresas desenvolve-se sob a forma de sociedade. Diz-se que é uma sociedade quando a empresa tem, normalmente, mais do que um proprietário. Aos proprietários de uma empresa sob a forma de sociedade chamam-se sócios (nas sociedades por quotas) e sócios ou acionistas (nas sociedades anónimas).

---

[1] Não atendemos para efeitos da definição de empresa às especificidades jurídicas que este conceito envolve.

A INFORMAÇÃO FINANCEIRA

Agora que já sabe o que é a empresa, ou a entidade ou a sociedade, coloca-se outra questão:

O que é a informação financeira e que relação tem com a empresa?

Informação? **Sabe o que é? Claro!** É tomar conhecimento sobre algo, o que acontece quando uma mensagem é recebida e entendida. Mas o termo informação também pode ser definido como um conjunto de dados dos quais podem ser extraídas conclusões.

A informação financeira pode então ser definida como:

> **INFORMAÇÃO FINANCEIRA**
> É um conjunto de dados contabilísticos sobre uma empresa que permitem, às pessoas que o consulta, tirar conclusões sobre a atividade daquela empresa no passado, presente e tomar decisões para o futuro.

OS DADOS CONTABILÍSTICOS

A informação financeira é um conjunto de dados contabilísticos sobre uma empresa: **mas, o que são dados contabilísticos ou financeiros?**

São registos de dados expressos em moeda, sobre:
- os recursos que a empresa tem para exercer a sua atividade;
- a forma como estes recursos foram obtidos (com recursos de terceiros ou com recursos dos sócios da empresa);
- as vendas da empresa;
- os gastos que suporta com a venda ou a prestação dos serviços.

São registos de dados sobre a posição financeira da empresa, as suas alterações e os resultados das suas operações. Estes dados podem ser registados em mapas, tabelas, textos ou notas que clarifiquem e tornem compreensível determinado valor.

Por exemplo, se consultarmos o mapa da "posição financeira da empresa", podemos saber qual o valor:

das máquinas
das viaturas
dos edifícios **Recursos da empresa**
das mercadorias **que lhe permitem exercer**
das dívidas dos clientes **a atividade a que se propõe**
do dinheiro em caixa e no banco

do crédito dos bancos **Obrigações da empresa**
do crédito dos fornecedores **para com terceiros**

do valor investido pelo(s) proprietário(s) **Capital de empresa**

Se, para exercer a sua atividade, a empresa usa como recursos uma viatura, um edifício e/ou outros elementos, estes aparecem registados nos dados contabilísticos ou na informação financeira da empresa, com o seu valor expresso na moeda corrente do país onde a dita entidade localiza a sua sede.

Por vezes, no ambiente empresarial, questiona-se: **"Qual o valor de uma viatura na contabilidade da empresa?"** Ou dito de outra forma: **"Qual o valor do carro na informação financeira produzida pela empresa?"**

OS OBJETIVOS DA INFORMAÇÃO FINANCEIRA

A informação financeira tem como objetivo fornecer dados sobre a posição financeira da empresa, as suas alterações e os resultados das suas operações que sejam úteis às várias pessoas interessadas no desenvolvimento desta entidade.

Mas o que significa fornecer dados sobre a posição financeira da empresa?
Consiste em fornecer dados sobre os recursos da empresa e a forma como estes são financiados. Os recursos da empresa podem ser financiados por terceiros (bancos, fornecedores, entre outros) ou pela própria empresa, sendo que, na primeira situação, a empresa tem obrigações a pagar.

Esta informação é, portanto, fornecida no mapa da posição financeira, que se designa também de balanço, conforme veremos adiante.

E o que significa fornecer dados referentes aos resultados das suas operações?
Significa informar todos os interessados na informação financeira (utentes) se, no conjunto de todas as operações que realizou, a empresa obteve lucro ou prejuízo, quais as operações que lhe deram mais rendimentos e quais os gastos em que incorreu para os obter.

A padaria onde compra o pão de manhã vende pão, bolos, sumos e inúmeros outros produtos. As vendas permitem à padaria obter rendimentos, mas para os obter incorre em gastos. É necessário pagar ao padeiro, ao pasteleiro e aos outros empregados. É necessário comprar a farinha e as restantes matérias aos fornecedores. As máquinas, balcões e cadeiras desgastam-se com o uso e necessitam de ser substituídas, ou seja, a padaria incorre em muitos gastos para obter rendimentos.

É essencial que a informação financeira possa responder a inúmeras questões.

A empresa usou os seus recursos adequadamente e obteve rendimentos superiores aos gastos? Obteve lucro?

A empresa obteve lucro, mas poderia ter obtido mais se tivesse controlado melhor os gastos?

Comparando este período com o anterior, o lucro aumentou? E os recursos disponíveis para trabalhar aumentaram? Então, pode esperar-se que no próximo período o lucro continue a aumentar?

A empresa financia os seus recursos, de que forma? Com capital da empresa ou recorrendo a capital alheio, assumindo neste último caso obrigações?

INFORMAÇÃO FINANCEIRA

A informação financeira de uma empresa revela se, em determinado período, existiu lucro ou prejuízo, o valor e a natureza dos recursos usados na sua atividade e a forma como os recursos são financiados (com capital alheio, criando obrigações para com terceiros, ou com capital próprio da entidade); ou seja, fornece informação sobre:

- recursos disponíveis;
- meios usados para os financiar;
- resultados alcançados pelo seu uso.

E para concluir, **o que significa "fornecer dados que sejam úteis às várias pessoas interessadas"?**

Significa que a informação financeira deve ser preparada atendendo às necessidades das pessoas que a consultam e deve satisfazer essas necessidades. A informação financeira só tem pessoas interessadas em a obter se lhes for útil; e, para que lhes seja útil, deve responder às suas necessidades gerais de informação.

Por isto se diz que a informação financeira, hoje, é preparada tendo por base uma visão utilitarista.

VISÃO UTILITARISTA

A Informação financeira é produzida para ser útil a quem dela necessita para tomar decisões e, por isso, a consulta.

OS UTENTES DA INFORMAÇÃO FINANCEIRA

A informação financeira é uma coleção de dados contabilísticos sobre uma empresa que permite às pessoas que a consultam tomar decisões económicas. **Mas, quem são estas pessoas que a consultam e que estão interessadas nessa informação financeira?**

As pessoas que consultam e utilizam a informação financeira denominam-se genericamente utentes[2] da informação financeira.

Ora, os utentes da informação financeira podem ser classificados como internos ou externos, consoante sejam pessoas que pertencem e trabalham na empresa, ou terceiros que se relacionam com a empresa, mas que não pertencem e não trabalham na mesma.

UTILIZADORES EXTERNOS:

- Investidores (aplicam o seu capital na empresa e necessitam de informação financeira para os auxiliar na decisão de comprar, deter ou vender a sua participação na empresa);
- Mutuantes (concedem crédito à empresa e necessitam de informação financeira para determinar se os seus empréstimos e os juros a que eles respeitam serão pagos quando vencidos);
- Fornecedores e outros credores comerciais (escoam a sua produção para a empresa e necessitam de informação financeira para determinar se as quantias que lhe são devidas serão pagas no seu vencimento);
- Clientes (destinatários da produção ou dos serviços da empresa e necessitam de informação financeira para determinar se podem continuar a rececionar os produtos que necessitam em tempo útil);
- Governos e seus departamentos (cobram impostos à empresa ficando com uma parte do valor da sua produção e necessitam de informação

---

[2] Frequentemente aparecem também referenciados como destinatários ou utilizadores.

financeira para determinar politicas de cobrança de impostos e para regular a atividade económica exercida pela entidade);
• Público (população em redor da empresa que está interessada na informação financeira, pois pode ser afetada de alguma forma pela sua atividade. Por exemplo, a empresa pode patrocinar atividades locais, apoiar instituições de solidariedade, organizar eventos que envolvam toda a comunidade, etc.).

UTILIZADORES INTERNOS:
• Órgãos de Gestão: Administração/gerência (gerem a empresa, pelo que necessitam de informação financeira atempada para analisar a estabilidade e o desempenho da sua gestão);
• Trabalhadores/Pessoal (trabalham para a empresa e estão interessados na informação financeira para que possam avaliar a capacidade da empresa lhes pagar as suas remunerações).

O CONTABILISTA E A INFORMAÇÃO FINANCEIRA

Informação financeira consiste numa coleção de dados contabilísticos sobre uma empresa. **Mas, quem é que prepara esta coleção de dados contabilísticos ou financeiros? É o Contabilista, que atualmente se designa de Contabilista certificado (CC)!**

A pessoa responsável pela preparação da contabilidade da empresa é designada por Contabilista certificado. É o Contabilista certificado que elabora a informação financeira e mais concretamente os vários mapas onde estão registadas as informações financeiras e económicas, as ditas Demonstrações Financeiras (DF).

Após a elaboração das DF a administração/gerência da empresa, enquanto responsável pela sua elaboração e divulgação, submete-as à apreciação da assembleia de sócios, a dita Assembleia Geral, que as analisa e aprova, disponibilizando-as, posteriormente, aos restantes utentes.

> Para ser Contabilista certificado precisa de:
> • Possuir habilitação académica de licenciatura ou superior, num curso reconhecido pela Ordem dos Contabilistas Certificados (OCC) para o exercício da profissão, nomeadamente, contabilidade, gestão, fiscalidade, administração, auditoria, ciências empresariais e economia;
> • Concluir o estágio profissional com aproveitamento;
> • Obter aproveitamento no exame profissional realizado pela OCC.

O Contabilista certificado pode trabalhar no departamento de contabilidade da empresa ou em gabinete próprio fora da empresa. Nesta última situação, a empresa deve fornecer-lhe, em tempo útil, todos os documentos necessários à preparação das DF.

A CONTABILIDADE E A INFORMAÇÃO FINANCEIRA

Se informação financeira é um conjunto de dados contabilísticos, **então a obrigatoriedade de contabilidade organizada existe para quê?**

Fornecer informação financeira da empresa a todos os interessados externos e para a empresa. **Está craque! Bem-vindo ao mundo da contabilidade.**

Para a contabilidade cumprir esta missão, a empresa deve munir-se de todos os documentos que lhe permitem fornecer informação com qualidade.

Assim:

> **A Informação fornecida é de qualidade se for:**
> • Capaz de influenciar as decisões dos utentes, ou seja, se for relevante (caraterística da relevância);
> • Fiável, livre de erros, omissões e juízos prévios (caraterística da fiabilidade);
> • Entendida pelos utentes, logo a informação deve ser elaborada tendo por base um normativo contabilístico o mais harmonizado possível (caraterística da compreensibilidade);
> • Permitir comparações quer dentro da mesma entidade ao longo do tempo, quer com outras entidades no tempo e no espaço (caraterística da comparabilidade).
> • Todavia, estas caraterísticas estão condicionadas pela tempestividade da informação, pois esta deve ser fornecida em tempo útil (tempestividade).

Estas são caraterísticas que tornam a informação fornecida, nas demonstrações financeiras, útil aos vários utentes. A verificação dessas caraterísticas é validada pelos requisitos que lhe estão associados, particularmente no que respeita à relevância em que se atende à sua natureza e materialidade; e à fiabilidade que se densifica em cinco grandes requisitos (neutralidade; representação fidedigna; "primado" da substância sobre a forma; prudência e pleinitude).

A contabilidade, depois de ter na sua posse todos os documentos que comprovam e servem de suporte às várias operações, deve:

> Executar os seguintes procedimentos:
> **1.** Verificar e separar os documentos identificando os elementos e as operações subjacentes, nomeadamente, se se referem a compras, vendas, ou quaisquer outras operações (identificar e classificar);
> **2.** Mensurar, ou seja, atribuir um valor ou uma medida monetária à operação realizada (valorizar, medir ou mensurar);
> **3.** Reconhecer/registar esse valor nas contas (registar ou reconhecer);
> **4.** Elaborar os mapas financeiros/demonstrações financeiras (resumir ou apresentar);
> **5.** Interpretar e compreender as demonstrações financeiras (analisar e compreender);
> **6.** Divulgar as demonstrações financeiras depois de devidamente aprovadas pela assembleia de sócios (comunicar ou divulgar).

Consegue então dizer em que consiste a contabilidade? Claro que consegue!

CONTABILIDADE

Consiste num sistema de informação que visa recolher, organizar, registar (mensurar e reconhecer) e relatar a informação sobre a atividade da entidade. Pode, também, dizer-se que enquanto sistema de informação visa identificar, classificar, medir, registar, resumir, interpretar e comunicar atempadamente a informação financeira relevante, fiável, compreensível e comparável, de modo que esta seja útil para a tomada de decisões dos seus vários utentes/destinatários.

Mas a contabilidade é apenas um processo que reconhece, mensura, apresenta e divulga? A contabilidade é apenas técnica?

Não! Para o CC executar todas estas tarefas corretamente é necessário ter presente um conjunto de conceitos e definições básicas sem as quais não consegue exercer a sua atividade. As caraterísticas da informação financeira, são exemplos de conceitos básicos que o CC deve ter presente quando elabora essa informação. Para efetuar o relato das operações, dos fluxos e dos processos que ocorrem na empresa, utiliza um conjunto de técnicas que têm por base determinados conceitos. Aprenderá neste livro alguns destes conceitos e técnicas básicas da contabilidade.

A contabilidade, nas várias Demonstrações Financeiras que elabora, usando determinadas técnicas e tendo por base determinados conceitos e pressupostos, proporciona informação verdadeira e apropriada acerca da posição financeira, das suas alterações e dos resultados das operações da empresa, para que sejam úteis aos vários utentes.

Mas estas técnicas e conceitos contabilísticos seguidos pelo contabilista na execução da contabilidade são os mesmos para todos os profissionais e para todas as empresas? Todas as empresas portuguesas e todos os CC os seguem? As empresas de outros países também os seguem? Quem determina estas regras e conceitos? Onde se podem consultar?

Seguidamente, vai obter resposta a todas estas questões.

A HARMONIZAÇÃO E A NORMALIZAÇÃO CONTABILÍSTICA E A INFORMAÇÃO FINANCEIRA

Tal como mencionado anteriormente, para que a informação financeira fornecida pela contabilidade tenha qualidade deve apresentar determinadas caraterísticas, tal como a compreensibilidade, isto é, a informação financeira deve ser harmonizada e tendencialmente normalizada, de modo a permitir a comparabilidade, "para ser melhor compreendida e permitir comparações, quer dentro da mesma entidade quer com outras entidades".

A normalização contabilística, enquanto objetivo geral dos principais organismos reguladores, visa criar normas contabilísticas o mais próximas possível, de modo a caminhar para a convergência dos vários sistemas contabilísticos internacionais, de modo a que as empresas possam fornecer informações financeiras que sejam compreensíveis a todos os utentes onde quer que estes se localizem.

> ### NORMALIZAÇÃO CONTABILÍSTICA
> Pode ser entendida como um conjunto de ações tendentes a criar pressupostos, caraterísticas, normas contabilísticas, que permitam práticas contabilísticas o mais homogéneas possível entre os diferentes países.

Não podemos confundir normalização com uniformidade, pois procurar uniformizar pode trazer sérias desvantagens, nomeadamente, impedindo a introdução de normas contabilísticas melhoradas. Todavia, a normalização tendencialmente tende para a uniformidade.

Podemos agora completar a nossa definição de normalização contabilística:

> A normalização pode ser entendida como um conjunto de ações na procura de uma uniformização de regras contabilísticas tendentes a criar uma "linguagem contabilística" cada vez mais universal.

Harmonização e normalização são uma e a mesma coisa? Não! Segundo Rodrigues *et al.* (2013: p. 49): "A normalização procura uma uniformização de regras contabilísticas, enquanto a harmonização tende para a aproximação daquelas regras, com base em princípios, sendo portanto um processo mais flexível do que a normalização".

|||||||||||||||||||||||||||||||||||||||||||||||||||||||||||||||||||||||||||||||||||||||||||||||

Em Portugal existe desde 1974 a Comissão de Normalização Contabilística  (CNC) que tem por missão emitir normas e estabelecer procedimentos contabilísticos que estejam de acordo com as normas comunitárias e internacionais, tendo em vista a melhoria da qualidade da informação financeira das entidades. Estas normas para algumas empresas privadas são designadas por Normas Contabilísticas e de Relato Financeiro (NCRF).

A CNC ao elaborar as normas tem por base um quadro de conceitos de referência, definidos num documento denominado Estrutura Conceptual (EC). Este documento, não sendo uma norma, estabelece os alicerces básicos subjacentes à preparação e apresentação das Demonstrações Financeiras (DF).

As normas, isto é, as NCRF, assentam na Estrutura Conceptual e contêm orientações para que o preparador das Demonstrações Financeiras proceda de determinada forma. A CNC controla se as normas foram aplicadas corretamente, aplicando coimas se tal não acontecer. Ao procedimento de supervisão da aplicação correta das NCRF atribui-se o nome de *enforcement*.

|||||||||||||||||||||||||||||||||||||||||||||||||||||||||||||||||||||||||||||||||||||||||||||||

O SISTEMA DE NORMALIZAÇÃO CONTABILÍSTICA (SNC) E A INFORMAÇÃO FINANCEIRA

Normas contabilísticas, procedimentos, modelos de demonstrações financeiras, caraterísticas da informação financeira! **Onde se pode consultar toda esta informação?**

Nos decretos-lei, nas portarias, nos avisos, entre outros, designados genericamente de Sistema de Normalização Contabilística (SNC).

O SNC entrou em vigor a 1/01/2010 e faz uma aproximação às normas seguidas a nível internacional, as normas internacionais de contabilidade (NIC e as NIRF, em inglês as IAS e as IFRS) em matéria de normalização contabilística e como é referido por Domingues Azevedo, Bastonário da Ordem dos TOC[3], representa *"uma verdadeira e profunda revolução contabilística, pois uma série de conceitos, valores, princípios e formas são totalmente alterados com a introdução das normas internacionais de contabilidade que (...) são a fonte de inspiração em que assenta todo o novo SNC"*. (Grenha, Cravo, Batista, & Pontes, 2009:8).

> **O SNC**
> Contém todas as normas, os princípios e os conceitos que algumas das empresas portuguesas (nomeadamente as médias e grandes entidades) devem seguir na preparação e apresentação da sua informação financeira e que têm por

---

[3] Agora a Ordem designa-se de "Ordem dos Contabilistas Certificados (OCC)".

inspiração as Normas Internacionais de Contabilidade (NIC e a NIRF).

A informação financeira produzida pelas entidades portuguesas quando aplicam o SNC tem a mesma filosofia, normas semelhantes, caraterísticas e conceitos subjacentes ao normativo internacional e garante:

- A comparabilidade da informação – a informação financeira de uma empresa portuguesa pode facilmente ser comparada:
    A) Com a informação financeira de outra empresa (europeia ou não): comparabilidade no espaço;
    B) Com a informação financeira da própria empresa relativamente a períodos anteriores: comparabilidade no tempo;
- A credibilidade – a informação financeira produzida com base em normas diferentes conduziria à divulgação de informação dissemelhante e contribuiria para a sua dificuldade de compreensão ou para o não cumprimento dos seus objetivos;
- A minimização dos gastos – se uma empresa atuasse em vários países, e cada um tivesse o seu sistema contabilístico, tinha que preparar tantas demonstrações financeiras quanto o número de sistemas contabilísticos que vigorassem nos países em que atuasse, o que envolveria aumento dos gastos na preparação da informação financeira.

O FUTURO DA INFORMAÇÃO FINANCEIRA

Mas todos os países produzem a sua informação financeira seguindo as mesmas normas? Verifica-se a normalização contabilística em todos os países?

Ainda não! Mas quem sabe um dia isso possa acontecer!
Atualmente há uma tentativa para que todos os países aproximem as suas normas contabilísticas às normas contabilísticas internacionais, isto é, há uma tentativa de harmonização a nível mundial. O conceito de harmonização é mais flexível do que o de normalização.

Pode-se afirmar que harmonizar significa aproximar, enquanto normalizar significa uniformizar. No entanto, quer a harmonização quer a normalização visam o mesmo objetivo, ou seja, pretendem que os acontecimentos e transações semelhantes seja dado o mesmo tratamento contabilístico de modo a que o relato financeiro por parte das diferentes empresas sedeadas em diferentes países seja comparável e entendível para todos os utentes das DF.

Atualmente *"(...) os ventos vão no sentido da globalização das normas contabilísticas."* (Grenha, Cravo, Batista, & Pontes, 2009:20) e cada vez mais as empresas atuam em mercados cada vez mais globais. É importante que todas as empresas sigam as normas contabilísticas internacionais, ou seja, as Normas Internacionais de Contabilidade (NIC e NIRF).

A informação financeira harmonizada maximiza a sua utilidade para o investidor.

> A Normalização Contabilística global ainda não se verifica, mas tudo indica que as NIC/NIRF se converterão num futuro próximo em normas de aceitação geral, ou quase geral.

Tendo em conta toda esta necessidade de informação global tem mesmo de aprender esta linguagem da contabilidade pois, se a entender, pode ter uma empresa em qualquer parte do mundo, consultar as Demonstrações Financeiras de qualquer empresa e discutir com o seu tio, que vive no Canadá, as contas da sua empresa de construção civil, pois esta linguagem é internacional, diríamos quase universal.

Se precisar de fazer uma pausa – talvez toda esta conversa sobre informação financeira o tenha esgotado – agora é boa altura para a fazer. Se a pausa demorar algum tempo aproveite para rever o que já aprendeu.

2

—

O CONCEITO DE PATRIMÓNIO, ATIVO, PASSIVO E CAPITAL PRÓPRIO

—

Agora que já sabemos o que é uma empresa e o que é a informação financeira, vamos aprender algo mais sobre a linguagem do mundo dos negócios, que se dá pelo nome de contabilidade. Vamos começar por aprender o que é o património, depois como se relaciona com o ativo, passivo e capital próprio para chegarmos à definição destes elementos.

CONCEITO DE PATRIMÓNIO

Então, o que é o património?

Há três semanas, a sua vizinha Dra. Marlene, advogada de profissão, com muito trabalho e sem tempo para cuidar do jardim, pediu-lhe para a ajudar, cortando-lhe a relva do jardim. Como ela o ajudou a fazer um trabalho para a disciplina de Direito, resolveu atender ao seu pedido. Ela gostou muito do seu trabalho e resolveu compensá-lo dando-lhe 20€. Uma semana depois, voltou a fazer-lhe o mesmo pedido. E tal como da primeira vez voltou a dar-lhe 20€. Na semana seguinte, o pedido foi renovado, mas com uma alteração: pediu-lhe para cortar a relva e regar o jardim todos os dias dessa semana, pois iria estar ausente. Quando regressou compensou-o com 50€. Com estes trabalhos conseguiu juntar 90€.

Tanto dinheiro? Este dinheiro fará parte do seu património? Sim, claro!

Para o guardar pensou que seria melhor comprar um cofre por 20€.
E o cofre fará parte do seu património? Sim!

Agora o seu património é de 90€, dos quais 70€ estão disponíveis em dinheiro e 20€ investiu num cofre. Finalmente poderá comprar a bicicleta da gama BTT, com a qual tem andado a sonhar para substituir a sua velha bicicleta. No entanto, a bicicleta custa 120€ e só tem 70€. Como não é suficiente, resolve pedir um financiamento de 50€ ao seu avô para conseguir adquiri-la.

E a bicicleta nova fará parte do seu património? Sim. Tanto a bicicleta como o cofre pertencem ao seu património.
E o financiamento fará parte do seu património? Sim. Apesar de ser uma obrigação.
Agora ficou com duas bicicletas, uma velha e uma nova. Como só precisa de uma para andar, pergunta ao seu primo se lhe quer comprar a

velha por 50€. Apanhou-o desprevenido, pois ele só tinha 20€. Mas prometeu pagar-lhe o restante no fim do mês.

A bicicleta velha continua a fazer parte do seu património? Não, claro que não! Vendeu-a e não vai poder continuar a usá-la! Mas fazem parte do seu património os 20€ que ele lhe entregou e o direito a receber os restantes 30€.

O seu património é constituído por vários elementos, a cada um destes elementos dá-se o nome de elemento patrimonial.

> A uma lista de elementos patrimoniais devidamente valorizados/mensurados e referidos a uma determinada data, dá-se o nome de **INVENTÁRIO**.

Então, quais os seus elementos patrimoniais nesta data?
Vamos preencher o quadro seguinte para o ajudar a responder a esta pergunta:

ELEMENTOS PATRIMONIAIS
EM 30/06/N (VALORES EM €)

Uma bicicleta nova	120,00
Um cofre	20,00
Uma conta a receber (do primo)	30,00
Dinheiro	20,00
Financiamento obtido do avô	50,00

Estes são os elementos que constituem o seu património nesta data (30/06/N).

Tem bens (cofre, bicicleta nova e dinheiro que o seu primo lhe entregou), um direito (de receber a dívida do seu primo) e uma obrigação (financiamento obtido do seu avô).

Os elementos patrimoniais podem-se agrupar em três categorias:

Consegue dar uma definição de património e responder à questão inicial: **O que é o património? Claro que consegue!**

> **PATRIMÓNIO**
> É o conjunto de bens, direitos e obrigações, devidamente valorizados/mensurados, pertencentes a uma pessoa, num determinado momento.

É exatamente esta a definição de património quer para si, que é uma pessoa física, quer para uma empresa que também é considerada pela lei (juridicamente) como uma pessoa jurídica.

IIIIIIIIIIIIIIIIIIIIIIIIIIIIIIIIIIIIIIIIIIIIIIIIIIIIIIIIIIIIIIIIIIIIIIIIIIIIIIIIIIIIIIIIIIIII

As empresas, juridicamente, podem ser classificadas como pessoas singulares (os comerciantes em nome individual e os estabelecimentos individuais de responsabilidade limitada) ou pessoas coletivas (as sociedades comerciais ou civis). O termo sociedade, que inicialmente era usado apenas quando a empresa tinha mais do que um sócio, atualmente também pode ser usado para sociedades com apenas um sócio. Estas classificações vêm referidas em diversas normas jurídicas, entre elas o Código Comercial; o Código Civil e o Código das Sociedades Comerciais.

As empresas, sob o ponto de vista económico, podem ser classificadas como comerciais ou industriais, consoante a organização dos seus recursos se destine apenas à comercialização de bens ou prestação de serviços, ou se destine à transformação desses bens noutros para comercializar.

TIPO DE SOCIEDADE	Nº DE SÓCIOS
Sociedade em nome coletivo	Pelo menos dois
Sociedade por quotas	
Sociedade anónima	Pelo menos cinco
Sociedade unipessoal por quotas	Apenas um

A definição de património assenta na classificação jurídica de empresa, em que a mesma é vista como uma pessoa e, por isso, pode ser possuidora de bens, direitos e obrigações e não na classificação económica de empresa, em que é vista como um conjunto organizado de recursos que se combinam para obter benefícios económicos, conforme vimos atrás.

VALOR DO PATRIMÓNIO

Como se determina o valor do seu património, nesta data?

Vimos que os elementos patrimoniais podem ser classificados em três categorias (bens, direitos e obrigações).

> Estes elementos têm duas naturezas diferentes:
> - Bens e Direitos – é aquilo que temos de positivo, logo têm que ser adicionados e representam ativos. Também podem ser designados como património bruto;
> - Obrigações – é a parte negativa, daí ter que ser subtraída para apurar o património líquido ou capital próprio.

Vamos preencher mais uma tabela, para o ajudar a responder a esta pergunta:

ELEMENTOS PATRIMONIAIS
EM 30/06/N (VALORES EM €)

BENS E DIREITOS (ATIVO)		OBRIGAÇÕES (PASSIVO)	
Bicicleta nova	120	Financiamento obtido	50
Cofre	20		
Valor a receber	30		
Dinheiro	20		
Total	**190**	**Total**	**50**

O valor do património calcula-se da seguinte forma:

VALOR DO PATRIMÓNIO LÍQUIDO (CAPITAL PRÓPRIO) = BENS + DIREITOS (ATIVO) − OBRIGAÇÕES (PASSIVO)

Então, sabe qual é o valor do seu património líquido? Claro! O valor do seu património é de 190-50=140€.

Está rico! Tem 140€ de património ou de património líquido.

EQUAÇÃO FUNDAMENTAL DA CONTABILIDADE

Voltando à tabela anterior, pode constatar que os elementos patrimoniais representados à:
- esquerda (bens e direitos) valorizam positivamente o património, diz-se que constituem, por isso, elementos patrimoniais ativos;
- direita (obrigações) valorizam negativamente o património, constituindo, por isso, elementos patrimoniais passivos.

Se os bens e direitos são elementos ativos e as obrigações são elementos passivos, agora pode determinar o valor do património líquido, pela diferença entre o ativo e o passivo. Ao valor deste agregado ou património líquido dá-se comumente o nome de **capital próprio**[4].

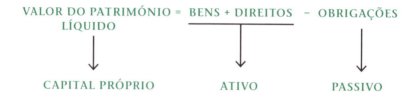

Acabou de aprender uma equação muito importante em contabilidade:

> **EQUAÇÃO FUNDAMENTAL DA CONTABILIDADE**
> O capital próprio é SEMPRE igual à diferença entre o ativo e o passivo.

---

[4] Em termos jurídicos ainda aparece, frequentemente, designado como situação líquida. Todavia, do ponto de vista da contabilidade a expressão de aceitação generalizada é de capital próprio.

Por favor, arranje uma forma de fixar esta equação: escreva-a na mão, coloque-a debaixo da almofada, ou por cima da sua cabeça ao adormecer, para que se lembre dela durante o sono e a memorize.

Uma vez que já sabe a equação fundamental da contabilidade, colocam-se agora outras questões:

O que é o ativo? O que é o passivo? E o que é o capital próprio?

DEFINIÇÃO DE ATIVO

Conhecendo a relação que existe entre o património líquido e o ativo, **consegue uma definição de ativo? Claro, é o conjunto de bens e direitos que pertencem a uma empresa!**

Pois! Deu a definição baseada no conceito jurídico de empresa. Se pensarmos na definição de empresa do capítulo anterior (definição económica), a empresa é constituída por um conjunto de meios ou recursos com o objetivo de satisfazer alguma necessidade humana e obter benefícios económicos.

Vamos então avançar neste sentido. Se tentássemos chegar a uma definição económica de ativo teríamos, em vez de bens e direitos que pertencem a uma pessoa (empresa), recursos que a empresa controla.

BENS E DIREITOS RECURSOS QUE A EMPRESA CONTROLA

Recursos que a empresa controla?! Não é a mesma coisa que recursos que a empresa possuí?!

Não! As empresas podem obter recursos não os adquirindo, mas apenas fazendo contratos de aluguer ou arrendamento. A generalidade destes contratos designam-se por **contratos de locação financeira.**

> **CONTRATO:** acordo de vontades entre duas partes em que uma das partes se submete a determinadas obrigações, usufruindo em troca de certos direitos.
> **LOCAÇÃO:** é o contrato pelo qual uma das partes (locador) se obriga a proporcionar à outra (locatário) o gozo temporário de uma coisa, mediante o pagamento de uma retribuição. Num contrato de locação financeira (*leasing*) existe o locador e o locatário. O locador é o proprietário da coisa a alugar ou a arrendar e o locatário é a pessoa que obtém os benefícios e corre os riscos provenientes do uso da coisa que alugou ou arrendou. A locação diz-se arrendamento quando incide sobre coisa imóvel e aluguer quando incide sobre coisa móvel.

No seu património bruto ou ativo, quais são os recursos que controla e, por isso, os pode usar para atingir um objetivo?

Imagine que o seu objetivo era adquirir um jogo de computador. Poderia usar o seu dinheiro para o comprar? Sim! Então o dinheiro é um recurso que controla.

E o cofre e a bicicleta nova não os poderia usar para atingir o mesmo fim? Sim, mas ou o vendedor do jogo aceitava estes bens para troca ou teria que os transformar em dinheiro, pela venda, e só depois poderia adquirir o jogo. Então, também a bicicleta e o cofre são recursos que controla.

E a conta a receber do seu primo? Poderia dizer ao seu primo para, em vez de lhe entregar os 30€, lhe comprar o referido jogo, pois ele adora ir às compras!

De que resultaram estes recursos?

Resultaram das operações que já tinha feito no passado. O cofre e a bicicleta resultaram de uma compra passada e os 20€, em dinheiro, bem como a conta a receber, resultaram de acontecimentos passados.

Já consegue arriscar uma definição de ativo?

> **ATIVO**
> É um recurso controlado pela empresa como resultado de acontecimentos passados (...).

Certo! Está quase completa, mas falta ainda um bocadinho! Vamos ver! O seu objetivo era comprar um jogo e poderia fazê-lo porque tinha recursos!

E qual é o objetivo de qualquer empresa?

Vender ou prestar serviços é satisfazer alguma necessidade humana e obter benefícios económicos. A empresa que vende obtém benefícios e o consumidor que compra também, pois satisfaz a sua necessidade. Ao usar e combinar os vários recursos que controla, a empresa espera vender e assim obter benefícios económicos. A expressão "a empresa espera" refere-se ao futuro, daí que se diga que a empresa espera que do uso dos seus recursos venha a obter benefícios económicos futuros.

BENEFÍCIOS ECONÓMICOS NO FUTURO ⟷ **RECURSOS QUE A EMPRESA CONTROLA**

Podemos completar a nossa definição de ativo:

> Ativo é um recurso controlado pela empresa como resultado de acontecimentos passados do qual se espera obter benefícios económicos futuros.

DEFINIÇÃO
DE PASSIVO

Já conhece a definição de ativo. **Consegue dar uma definição de passivo?** É o conjunto de obrigações que pertencem a uma empresa num determinado momento.

Mais uma vez, a base foi o conceito jurídico de empresa. Para chegar à definição de passivo pode partir-se do conceito jurídico, mas para integrar o conceito económico é necessário acrescentar algo mais. Vamos ver! **O financiamento obtido do seu avô é uma obrigação, nesta data? Sim!** Então é uma obrigação no presente!

De que resultou esta obrigação? Resultou de um acontecimento passado, da compra da sua bicicleta nova!

Vamos iniciar a definição de passivo? Sim!

> PASSIVO
> É uma obrigação presente da empresa proveniente de acontecimentos passados (...).

Certo! Falta apenas integrar nesta definição o conceito económico.

Pense na definição económica da empresa e não se esqueça que os recursos são importantes, pois permitem a satisfação das necessidades humanas e, assim, a empresa obtém benefícios económicos.

Quando pagar (liquidar) a obrigação vai ser com recursos, que vão sair da empresa, vai haver, em linguagem contabilística, uma saída (exfluxo) de recursos da empresa.

Os recursos servem para serem combinados e obter benefícios económicos, mas aqueles que vão sair da empresa (exfluxo) levam consigo a possibilidade de, com eles, obter os referidos benefícios económicos.

Então já podemos chegar à definição completa de passivo:

> **PASSIVO**
> É uma obrigação presente da empresa proveniente de acontecimentos passados que, quando for liquidada, vai provocar um exfluxo de recursos que transportam consigo a sua capacidade de gerarem benefícios económicos.

DEFINIÇÃO DE CAPITAL PRÓPRIO

Depois da definição de ativo e passivo, falta apenas a de capital próprio. **O que pensa que será o capital próprio?**

Esta é a definição mais fácil das três! O capital próprio ou valor do património líquido, como já referido anteriormente, pode ser obtido pela diferença entre ativo e passivo; ou, dito de outra forma, é o interesse residual dos sócios nos ativos da sua empresa depois de deduzidos todos os passivos.

O capital próprio é um interesse? Sim, se pensarmos que interesse se refere ao valor atribuído a qualquer coisa, o capital próprio é um valor, logo é interesse! **Mas é um valor residual?** Claro, pois residual vem de resíduo, aquilo que sobra, e realmente o capital próprio é o valor que sobra dos ativos, depois de deduzidos os passivos.

Então qual a definição de capital próprio?

> **CAPITAL PRÓPRIO**
> Representa o interesse residual dos sócios nos ativos da empresa, depois de deduzidos todos os passivos.

Se conseguiu resistir a esta fase de definições de Ativo, Passivo e Capital Próprio, tendo por base o conceito económico de empresa, parabéns!

Continue, está no caminho certo para se tornar um especialista em negócios e em contas/DF de empresas.

Precisa de uma pausa, ou nem por isso? Se tem a resistência de um animal feroz, avance para o estudo da posição financeira da empresa que pode ser analisada no balanço.

3
—
O BALANÇO OU DEMONSTRAÇÃO DA POSIÇÃO FINANCEIRA
—

Já sabe o que são os **ativos**, os **passivos** e os **capitais próprios** de uma empresa e conhece a **equação fundamental da contabilidade**, vai aprender a construir um quadro financeiro muito importante em contabilidade: a Demonstração da Posição Financeira da empresa, mais comummente designado de Balanço.

O seu vizinho do lado, Dr. Manuel, excelente médico de clínica geral, após ter falado com a sua vizinha da frente, Dra. Marlene, também lhe pediu para cortar a sua relva! A Dra. Marlene dissera-lhe que tinha feito um excelente trabalho no seu jardim.

— *"E se eu iniciasse um negócio de corta-relva?"*

Boa ideia! Mas primeiro, deve decidir se vai afetar todo o seu património pessoal ao negócio que vai criar.

PRINCÍPIO DA ENTIDADE EMPRESARIAL

Um dos princípios usados em contabilidade refere que os recursos e as obrigações de um negócio devem ser distintos dos do seu proprietário, ou seja, as contas do negócio não se devem misturar com as contas do dono da empresa.

Chama-se a este **princípio contabilístico**: princípio da entidade empresarial (Jensen, 2007).

> **PRINCÍPIO DA ENTIDADE EMPRESARIAL**
> Cada negócio deve manter os seus registos contabilísticos separados dos do seu proprietário.

Ao iniciar um negócio, nasce uma entidade nova com recursos e obrigações próprios. Apesar de ser o proprietário da empresa, não pode usar o dinheiro da empresa para pagar aquilo que adquire para seu uso pessoal. Portanto, se quiser comprar um jogo para si, ou qualquer outro bem para seu uso pessoal, não o pode fazer com o dinheiro do negócio. **Certo!**

Vamos analisar os seus recursos e passivos pessoais:
- A bicicleta vai servir para se deslocar quando for cortar a relva;
- O cofre vai servir para guardar o dinheiro da sua nova empresa;
- O valor a receber do seu primo, pode servir para o ajudar na compra de um cortador de relva para prestar os serviços da sua nova empresa;
- O dinheiro vai servir para as inúmeras compras de bens que a sua nova empresa vai ter que realizar para poder funcionar;
- O financiamento obtido do seu avô serviu para comprar a bicicleta, que vai afetar à sua empresa para que se possa deslocar mais rapidamente para prestar os serviços que se propõe com essa nova entidade. Assim sendo, também, deverá afetar o financiamento que obteve para a comprar.

Transferindo o seu património pessoal para o negócio, pode iniciar a sua atividade empresarial de imediato, pois já tem os recursos necessários para desenvolver o objeto social que escolheu para a sua empresa.

Pensa alguns segundos e...! Conclui que não se importa de ficar sem património pessoal, pelo que decide fazer a afetação de todo o seu património ao seu negócio e criar uma nova EMPRESA.

Que nome irá ter a sua empresa, qual a sua atividade e qual a sua forma jurídica?
Decide atribuir à sua empresa o nome de: *Toninho CORTA-RELVAS, Lda.* Este nome identifica-o como dono da empresa e identifica, simultaneamente, a atividade que pretende desenvolver com a nova entidade – prestação de serviços de jardinagem.

Agora que já decidiu o nome e a atividade da sua empresa, que tal começar por escolher a forma jurídica da sua nova empresa?
Consulta o seu amigo Lucas Pintassilgo, excelente advogado da praça, que o aconselha a constituir uma sociedade unipessoal por quotas. Aceita a sua sugestão, com base nos argumentos que ele lhe apresentou.

Depois, e porque deseja estabelecer desde o início uma organização exemplar para a *Toninho CORTA-RELVAS, Lda.*, comece por construir um quadro inicial, onde vai registar os recursos e as obrigações que transferiu para essa nova entidade. Vai, por isso, construir o balanço inicial da sua nova entidade.

O BALANÇO

O que é o Balanço? É um quadro financeiro.
Mas o que é que vai registar neste quadro?

Precisa, para a sua nova empresa, de um quadro onde se registam duas coisas: (1) quais os recursos de que a empresa dispõe e (2) a quem pertencem?

Comecemos pela última questão: **Ora! Então os recursos, não pertencem todos à minha empresa?**
Não. A sua empresa dispõe de vários recursos para trabalhar, mas uma parte pertence também ao seu avô Daniel de 84 anos, que os financiou. Lembra-se de lhe ter pedido 50€ para comprar a bicicleta? Ele é credor da sua empresa. No capítulo anterior, incluímos este financiamento no passivo!

O valor que resta dos recursos, depois de descontar o passivo, é, efetivamente, da sua empresa, é o Capital Próprio inicial. Representa o valor com o qual a sua empresa vai iniciar a atividade. A este valor vamos chamar capital inicial, que corresponde juridicamente ao capital subscrito. No balanço referir-se-á o mesmo por capital subscrito.

Então, vamos fazer um quadro que representa:
- De um lado, os recursos que a empresa dispõe para desenvolver a sua atividade (ATIVO);
- Do outro lado, a quem pertencem os recursos, aos proprietários da entidade (CAPITAL PRÓPRIO) e aos credores (PASSIVO).

ATIVOS		CAPITAL PRÓPRIO E PASSIVO	
Bicicleta nova	120	CAPITAL PRÓPRIO	
Cofre	20	Capital subscrito	140
Valor a receber	30	PASSIVO	
Dinheiro	20	Financiamento obtido	50
Total	**190**	**Total**	**190**

Reparou no valor total destas duas colunas? É igual.

Acabou de aprender uma regra muito importante sobre este quadro financeiro. O total do lado esquerdo (ATIVO) é sempre SEMPRE igual ao do lado direito (CAPITAL PRÓPRIO + PASSIVO).

ATIVO = CAPITAL PRÓPRIO + PASSIVO

Compare esta equação com a equação fundamental da contabilidade que aprendeu no capítulo anterior. Concluirá necessariamente que é a mesma equação.

A equação fundamental da contabilidade verifica-se no Balanço.

> **EQUAÇÃO FUNDAMENTAL DA CONTABILIDADE**
> O Ativo é **sempre** igual à soma do Capital Próprio e do Passivo.

Tem quase o seu balanço inicial, de 01/07/N - data de nascimento da empresa, concluído.

O balanço pode reunir as contas só de uma empresa - balanço **individual** ou, reunir as contas de várias empresas que pertencem à mesma família – elabora para o efeito um balanço **consolidado**.

O que são famílias de empresas? No mundo dos negócios podem existir relações entre as empresas e podemos encontrar empresas mães, filhas ou subsidiárias, associadas, entre outras. Cada uma destas empresas apresenta não só as suas contas individuais, mas também as contas de família designadas de contas consolidadas ou de contas de grupo.

O seu Balanço diz respeito apenas às contas da sua empresa, por isso vai chamar-se: **individual**.

Falta apenas:
- dar um nome ao quadro
- identificar a empresa a que se refere
- colocar a data a que se refere
- identificar o tipo de moeda usada na mensuração/valorização dos elementos patrimoniais.

Em linguagem contabilística, o termo valorização de elementos patrimoniais foi, em 2010, substituído por mensuração, que significa atribuir valor monetário aos vários elementos patrimoniais.

Estes quatro requisitos - **nome do quadro, identificação da empresa, data e tipo de moeda** - são obrigatórios para a apresentação de qualquer demonstração financeira.

BALANÇO INDIVIDUAL DE TONINHO CORTA-RELVAS, LDA.
EM 01/07/N (VALORES EM €)

ATIVOS		CAPITAL PRÓPRIO E PASSIVO	
Bicicleta nova	120	CAPITAL PRÓPRIO	
Cofre	20	Capital subscrito	140
Valor a receber	30	PASSIVO	
Dinheiro	20	Financiamento obtido	50
Total	**190**	**Total**	**190**

Então, já sabe o que é o balanço?

> **BALANÇO**
> É um quadro financeiro, que apresenta o ativo, o passivo e o capital próprio da empresa, em determinada data.

De acordo com Borges *et al.* (2007:29), o **balanço** é um quadro alfanumérico que contém informação reportada a determinada data, acerca dos recursos que a entidade utiliza e da forma como estão a ser financiados pelos titulares da entidade e por terceiros.

Agora vamos analisar como se organizam estes elementos no Balanço. Para isso, é necessário compreender a noção de ciclo operacional.

O CICLO OPERACIONAL

Os elementos ativos e passivos aparecem classificados no Balanço em correntes e não correntes. Esta classificação é obtida considerando vários critérios, um deles baseia-se na ideia de ciclo operacional.

Então o que é o ciclo operacional?

O ciclo operacional é o período de tempo que vai desde:
• O momento em que a entidade assume uma obrigação ou entrega qualquer recurso, nomeadamente, o dinheiro em Caixa, para obter ou pagar os recursos necessários para desenvolver a sua atividade, até ao momento em que entrega ou presta a terceiros (os seus clientes) os seus bens ou serviços, que vem a traduzir-se, no momento ou posteriormente, na entrada de meios monetários recebidos dos clientes da entidade.
• Para simplificar vamos analisar o ciclo operacional a partir da saída e da entrada de dinheiro em Caixa:

Então, em termos sumários, o ciclo operacional da entidade pode ser definido como:

> **CICLO OPERACIONAL DA ENTIDADE**
> É o tempo que medeia entre a aquisição de um recurso (maté-rias-primas, mercadorias, trabalho, etc.), sua transformação, até à venda ou à prestação de serviços que constituem o objeto social da entidade.
> O ciclo operacional pressupõe-se de 12 meses, se a entidade não dispuser de dados que lhe permitam identificar um outro período mais adequado.

ATIVO CORRENTE E ATIVO NÃO CORRENTE

A maioria dos ciclos operacionais é inferior a 12 meses, o que significa que grande parte das empresas usa o período de um ano para decidir quais os ativos que devem ser classificados como correntes e quais os que devem ser classificados como não correntes.

O tempo que o recurso demora, desde a sua detenção até à sua transformação em dinheiro, é superior a um ano? É superior ao seu ciclo operacional?

RESPOSTA	CLASSIFICAÇÃO DO RECURSO
Sim	Ativo não corrente
Não	Ativo corrente

De acordo com este critério um ativo é corrente se for realizado dentro do ciclo operacional.

Um ativo é realizado quando se transformar em dinheiro ou seus equivalentes e, para isso, pode ter que ser vendido ou gasto no processo produtivo.

Que outros critérios existem para distinguir um ativo corrente de um ativo não corrente?

Segundo o SNC, os critérios que se podem usar para classificar um ativo como corrente são os seguintes:

É ativo corrente se:
• Se espera que seja **realizado** ou se pretende que seja **vendido ou consumido** dentro do ciclo operacional da atividade;
• **Se destinar à venda:** *A sua tia Adelaide tem uma loja onde vende roupa. Ela compra roupa aos fornecedores para vender aos seus*

clientes. A roupa que existe na sua loja por vender designa-se de mercadoria (inventário). **É um ativo corrente? É, pois destina-se à venda, no decurso do ciclo operacional.**

- **For realizado no espaço de tempo inferior a um ano:** *A conta a receber do seu primo, pensa estar mais do que um ano à espera que lhe pague e assim que essa conta só se realize a mais de 12 meses? Não, ele prometeu pagar-lhe no mês seguinte, então também é um ativo corrente.*

- **Se for Caixa ou equivalente de Caixa:** *A Caixa é o dinheiro que tem no seu cofre, mas podia ter este dinheiro depositado num banco. Uma conta da empresa no banco intitula-se de depósito bancário e é equivalente a Caixa, pois o dinheiro no banco, tal como na Caixa, está disponível para ser usado de imediato. Quer tenha o seu dinheiro no cofre (Caixa), quer no banco (depósitos bancários), é sempre considerado ativo corrente.*

Quando um ativo **não se destinar à venda, não for realizado num ano ou não for Caixa ou equivalente então é um** ativo não corrente.

Tem na sua empresa ativos não correntes?

Sim, a bicicleta e o cofre, pois nem são para vender, nem representam valores a receber no prazo de um ano, nem são Caixa ou equivalentes de caixa. São, por isso, ativos não correntes.

PASSIVO CORRENTE E PASSIVO NÃO CORRENTE

Tal como acontece com o ativo também o passivo pode ser repartido em **passivo corrente** e **passivo não corrente**, consoante a empresa espere liquidá-lo dentro de 12 meses (corrente) ou num período superior a 12 meses (não corrente).

A entidade espera liquidar o passivo dentro do ciclo operacional ou num prazo inferior a 12 meses?

RESPOSTA	CLASSIFICAÇÃO DA OBRIGAÇÃO
Sim	Passivo corrente
Não	Passivo não corrente

O financiamento obtido do seu avô é corrente ou não corrente? Espera pagar esta responsabilidade/obrigação no prazo de 12 meses ou só após este período de tempo? Espera pagar logo que tiver mais dinheiro no seu cofre (Caixa) ou numa conta depósitos à ordem, que pretende abrir no Banco do seu amigo, o Sr. Domingues. Assim sendo esse passivo para a sua entidade é um passivo corrente.

ORDENAÇÃO DO ATIVO E PASSIVO NO BALANÇO/ DEMONSTRAÇÃO DA POSIÇÃO FINANCEIRA

O ativo pode dividir-se em corrente e não corrente. Mas, **qual a sua ordem no Balanço? Será que aparece primeiro o corrente ou o não corrente?**

No ativo, os elementos aparecem ordenados por ordem crescente de liquidabilidade, ou seja, dos menos líquidos para os mais líquidos.

— **"Liquidabilidade!?"**

Pense nos recursos que tem na sua empresa. **Quais os que transformaria em dinheiro com maior facilidade? Os não correntes ou os correntes? Claro, os correntes!**

Então quais colocaria no ativo em primeiro lugar? Os não correntes, pois têm menor liquidabilidade, e depois os correntes.

Dentro dos correntes, **qual o mais líquido?** A Caixa, pois já é totalmente líquida, é dinheiro.

Então, já compreende o que é a liquidabilidade?

> **LIQUIDABILIDADE**
> Representa a maior ou menor capacidade de um recurso se transformar em dinheiro.
> No ativo aparece primeiro o não corrente (menor liquidabilidade) e, depois, o corrente (maior liquidabilidade). Em cada um destes grupos os elementos encontram-se, também, ordenados por ordem crescente de liquidabilidade.

E no passivo?

No passivo, as obrigações aparecem ordenadas por ordem crescente de exigibilidade, ou seja, das menos exigíveis para as mais exigíveis.

Pense nas obrigações que a sua empresa tem de liquidar em primeiro lugar e que, por isso, são mais exigíveis.

— "Exigibilidade!? Exigíveis!?"

Qual será o mais exigível? O passivo não corrente, cujo prazo de pagamento é superior a um ano? Ou o corrente, que terá de ser pago dentro de um ano? O mais exigível é o corrente, necessariamente.

Então, qual colocaria no passivo em primeiro lugar? O não corrente, pois tem menor exigibilidade!

Já compreende o que é a exigibilidade?

> **EXIGIBILIDADE**
> Representa o maior ou menor prazo que uma empresa dispõe para cumprir as suas obrigações.
> No passivo devem aparecer primeiro os passivos não correntes (menor exigibilidade) e só depois os passivos correntes (maior exigibilidade).

Já sabe que o **ativo** e o **passivo** aparecem no balanço divididos em **corrente** e **não corrente** e, dentro destes, tal como dentro do **capital próprio**, podem aparecer várias linhas. Cada linha ou rubrica pode representar uma conta ou a agregação de várias contas.

CONTA

O que é uma conta, em contabilidade?
A conta a receber do seu primo, que pertence ao seu ativo, está registada em uma conta na contabilidade? **Claro, até se chama conta!**

E o dinheiro que tem no seu cofre, também estará? **Sim, também se representa numa conta**, que na contabilidade tem o nome de Caixa.

E a bicicleta e o cofre também se representam em contas? Sim e ambas com o mesmo nome, são ativos fixos tangíveis. **Porquê fixos?**

Porque vão permanecer na empresa por período superior a um ano e não se destinam a ser vendidos, mas a ser utilizados na entidade para o desenvolvimento da sua atividade e que, por isso, aí permanecem por períodos longos. A sua empresa não vende bicicletas nem cofres, estes servem apenas para lhe permitir realizar as suas prestações de serviços. A bicicleta permite que se desloque mais rapidamente e o cofre permite que guarde o dinheiro que vai realizando à medida que vai desenvolvendo a sua atividade empresarial. **Porquê tangíveis?**

Porque, pode tocar nesses bens, quer na bicicleta quer no cofre, ou seja, tanto a bicicleta como o cofre têm existência física. Estes dois elementos apresentam, para a sua empresa, caraterísticas idênticas, daí que se possam agrupar no mesmo conjunto.

Já sabe o que representa uma conta, em contabilidade?

> CONTA
> Representa um conjunto de elementos com caraterísticas semelhantes (...).

Normalmente numa empresa existem muito mais elementos do que aqueles que a sua empresa possui, ou seja, existem inúmeras contas que integram elementos com as mesmas caraterísticas. Há vários conjuntos de elementos específicos do ativo, do passivo e do capital próprio.

Mas a conta não terá qualquer utilidade para a contabilidade, se não representar o valor ou a mensuração, em unidades monetárias, dos elementos e das suas alterações.

Para que servirá a sua conta Caixa se não for para registar os aumentos, as diminuições e o valor do dinheiro que tem em Caixa?

Para nada! Se não fosse assim, como poderíamos, também, somar viaturas, corta-relvas, dívidas de clientes, entre outras?

Qual a moeda usada para mensurar estes elementos e os registar nas respetivas contas? O euro, claro!
Sim! O euro, representado por €, porque é a unidade monetária, ou a moeda funcional, do país onde resolveu instalar a sua empresa.

> **RELEMBRAR:**
> **Mensuração** significa atribuir valor monetário aos elementos patrimoniais.
> **Unidades monetárias:** tipo de moeda usada para traduzir a mensuração dos elementos ativos, passivos e de capital próprio.

Os elementos com caraterísticas semelhantes ao serem registados nas contas em unidades monetárias são mensurados ou valorizados.
Podemos acrescentar à definição de conta:

> **CONTA**
> Representa a mensuração expressa em **unidades monetárias** de um conjunto de elementos com caraterísticas semelhantes (...).

Mas, o valor dos elementos que constituem uma conta sofre alterações! A sua conta Caixa, por exemplo, está constantemente a sofrer alterações. Com as entradas de dinheiro, aumenta e com as saídas, diminui. Todas estas alterações, devidamente mensuradas, são registadas na conta Caixa.

Por isso, também se pode dizer que:

> **CONTA**
> Representa todas as alterações devidamente mensuradas em unidades monetárias de um conjunto de elementos com caraterísticas semelhantes.

Depois de toda esta informação, podemos elaborar o balanço, com os novos termos contabilísticos que acabamos de aprender:

BALANÇO INDIVIDUAL DE TONINHO CORTA-RELVAS, LDA.
EM 01/07/N (VALORES EM €)

ATIVOS		CAPITAL PRÓPRIO E PASSIVO	
ATIVO NÃO CORRENTE		CAPITAL PRÓPRIO	
Bicicleta	120	Capital subscrito	140
Cofre	20	PASSIVO	
ATIVO CORRENTE		PASSIVO CORRENTE	
Conta a receber	30	Financiamento obtido	50
Caixa	20		
Total	**190**	**Total**	**190**

APRESENTAÇÃO DAS CONTAS NO BALANÇO

Todas as contas da empresa são apresentadas no Balanço? Sim e não!

O balanço apresenta várias linhas ou rubricas. Cada uma pode representar só uma conta ou a agregação de várias contas, consoante a informação, com ou sem agregação, seja mais útil para os utentes. Esta agregação, ou não, depende também do valor da conta e da sua função na informação prestada pela empresa.

Existem, no entanto, determinadas agregações que são obrigatórias. Por exemplo, a conta de **capital** onde colocou o valor com que iniciou a sua atividade aparece no Balanço na rubrica de **capital subscrito**. No caso da sociedade Toninho Corta-Relvas, Lda. o capital subscrito já está completamente realizado, pois o Toninho realizou a totalidade do capital em espécie, já que entregou os elementos do seu património pessoal para a realização do capital da sua sociedade.

Imagine a seguinte situação:
Decide conjuntamente com o seu primo constituir uma sociedade para venda de jogos de computador. Para obter recursos e para iniciar a atividade decidiram que cada um entraria com 100€. O capital inicial da sociedade seria de 200€, mas em Caixa apenas existiriam 150€, porque o seu primo não entregou à sociedade, ou não realizou, a totalidade da sua parte. Disse-lhe. "No fim deste mês entrego o restante valor à sociedade".

Esta transação pode ser assim evidenciada no Balanço:

BALANÇO INDIVIDUAL DE _____
EM __/__/___ (VALORES EM €)

ATIVO		CAPITAL PRÓPRIO E PASSIVO	
ATIVO CORRENTE		CAPITAL PRÓPRIO	
Conta a receber do sócio	50	Capital subscrito	200
Caixa	150		
Total	**200**	**Total**	**200**

A estrutura de balanço adotada no SNC agrega algumas contas e apresenta-se num formato vertical, ao contrário do formato horizontal que temos vindo, e vamos continuar, a utilizar. No formato vertical o capital próprio e o passivo aparecem por baixo do ativo e não ao lado, como temos apresentado no balanço da empresa *Toninho CORTA-RELVAS, Lda.* Este modelo é bem mais complexo do que os balanços que tem feito para a sua empresa. Todavia, a sua lógica de construção é exatamente a mesma.

A nível internacional não existe um modelo para a Demonstração da Posição Financeira/Balanço, existem apenas as normas de contabilidade, que indicam quais os elementos que devem integrar o ativo e passivo e o capital próprio. No entanto, se consultarmos os balanços de entidades internacionais, verificamos que as empresas apresentam este mapa com as mesmas rubricas o que nos leva a questionar:

Então, afinal, existe um modelo? Não!

Se não existe, porque apresentam todas as empresas balanços com um modelo semelhante?

Não existe um modelo de balanço, mas se as empresas não apresentassem balanços semelhantes, os utentes da informação financeira, aqueles que a consultam, ficariam confusos, teriam dificuldade em fazer comparações entre as diferentes empresas e penalizariam, através das suas decisões económicas e financeiras, as empresas que não apresentassem demonstrações financeiras nos mesmos moldes das restantes. Se os utentes não conseguirem ler, interpretar e comparar as demonstrações não investirão nas empresas e, consequentemente, o seu valor de mercado baixará.

A nível nacional existe um modelo para o balanço. No entanto, no modelo de balanço do SNC as contas não estão tão agregadas como no balanço usado a nível internacional. A tradição em Portugal foi, de 1977 a 2010 (período de vigência do Plano Oficial de Contabilidade (POC)), o balanço constituído por linhas de contas únicas. O SNC introduz a tendência da agregação de contas, mas não tão profunda e liberalizada como a utilizada em outros países.

IMPACTO NO BALANÇO DAS TRANSAÇÕES ECONÓMICAS REALIZADAS

Até agora tudo bem. É verão e o tempo lá fora está ótimo. Está pronto para iniciar a atividade da nova empresa, *Toninho CORTA-RELVAS, Lda.*!

Fecha os olhos e já consegue imaginar uma fila de clientes à porta de sua casa a pedir-lhe para lhe cortar a relva, até que...! Abre os olhos e apercebe-se que, para que isso aconteça tem que fazer um trabalho sem erros e de boa qualidade, deve ser eficiente e prestar um serviço atempado, não deixando os clientes à espera!

Então, mãos à obra! É sábado à tarde, já fez os TPC, pode ir cortar relva! Coloque a empresa a mexer, a desenvolver a atividade para que foi criada: prestar serviços de jardinagem.

A tarde correu bem, a sua vizinha Dra. Marlene pagou-lhe 20€, tal como das outras vezes, e o Dr. Manuel perguntou-lhe o preço do seu serviço. Ficou indeciso, pois ainda não tinha pensado no preço a cobrar aos clientes! Refletiu...! "Se a Dra. Marlene lhe deu 20€ e o jardim do Dr. Manuel tem o dobro da superfície do da Dra. Marlene, demora duas vezes mais tempo, deve cobrar o dobro!" e disse ao Dr. Manuel que eram 40€.

*Este cliente pagou-lhe 10€ em dinheiro e 30€ com um bocado de papel, a que se chama **cheque**. Já tinha pensado que devia abrir uma conta no Banco, e a forma de pagamento que o Dr. Manuel utilizou, tornou essa decisão mais premente. No dia seguinte, logo de manhã, vai ao banco. Quando entra, encontra o Sr. Domingues que o conhece desde pequeno e que aí trabalha.*

Preenche com ele os papéis relativos à abertura da conta da sua empresa e deposita o cheque e o dinheiro recebido dos seus dois clientes. O Sr. Domingues diz-lhe que esta conta é uma conta à ordem, designada, normalmente, de conta depósitos à ordem (DO), o que significa que pode levantar ou depositar dinheiro sempre que quiser. Pergunta-lhe também se necessita de cheques para movimen-

tar a conta. Naturalmente mostrou-lhe algum receio, pois ainda não sabia bem como trabalhar com os cheques. Ele explicou-lhe que era um documento que depois de preenchido e assinado pelos titulares da conta servia para retirar dinheiro da mesma, podia inclusivamente passar um cheque para pagar um recurso que necessitasse de adquirir para a sua empresa. Em vez de entregar dinheiro para efetuar o pagamento dessas aquisições entregaria um cheque. Decide, então pedir cheques, pois talvez necessitasse de adquirir alguns recursos para a sua empresa, e seria preferível pagar em cheque do que andar com notas no bolso, dada a segurança que esta opção acarretaria para si e para a sua entidade. Explicou-lhe também que quando algum dos seus clientes lhe pagar com cheque ou com dinheiro devia depositá-lo na conta da sua empresa no banco, pois, conforme vimos anteriormente, há, por um lado, uma vantagem significativa associada à segurança dos recursos monetários e, por outro, esta opção também lhe permitirá um maior controlo dos seus meios monetários.

A sua empresa já está a obter rendimentos que provêm da atividade desenvolvida (da prestação de serviços que realizou a cortar relva), estão a verificar-se entradas (influxos) de benefícios económicos, que vão provocar um aumento do seu ativo.

Que alterações sofreram os seus recursos após o influxo destes benefícios económicos?

O seu ativo aumentou 60€, é certo, mas como vamos fazer este registo?

Os depósitos bancários aumentam 60€, já que decidiu depositar a totalidade do recebimento dos seus clientes na nova conta Depósitos à Ordem (D.O.) da sociedade *Toninho CORTA-RELVAS, Lda.* O lado direito do balanço aumentou, mas, e o lado esquerdo?

A quem pertencem esses 60€? À empresa *Toninho CORTA-RELVAS, Lda.* claro, então vai aumentar o capital próprio ou o passivo? Vai aumentar o capital próprio, pois o passivo representa as obrigações ou os créditos que outros têm sobre os ativos da empresa, e neste caso não sofre qualquer variação, pois não assumiu qualquer obrigação em nome da sua empresa.

Mas vai aumentar o capital subscrito inicial? Não, este valor representa sempre o valor com que iniciou a sua atividade, estes 60€ são a medida do seu desempenho na prestação de serviços prestados aos seus clientes. São portanto seus, melhor, da sua empresa, pertencem ao seu capital (capital próprio). Designam-se de rendimentos, ou sendo teoricamente mais corretos, de réditos, conforme teremos oportunidade de perceber melhor à frente. Estes réditos corresponderão a resultados se não se tiver suportado quaisquer gastos para gerar esses réditos/rendimentos. Nesta fase, vamos admitir esta hipótese simplificadora. Só mais tarde, veremos que não é bem assim!

Vamos, então fazer novo balanço, após estas transações:

BALANÇO DE TONINHO CORTA-RELVAS, LDA.
EM 03/07/N (VALORES EM €)

ATIVOS			CAPITAL PRÓPRIO E PASSIVO		
ATIVO NÃO CORRENTE			CAPITAL PRÓPRIO		
Bicicleta		120	Capital subscrito		140
Cofre		20	Resultados do período		60
ATIVO CORRENTE			PASSIVO		
Conta a receber		30	PASSIVO CORRENTE		
Depósitos bancários		60	Financiamento obtido		50
Caixa		20			
Total		**250**	**Total**		**250**

A equação fundamental do balanço, que fixou atrás, verifica-se? Sim! O ativo é igual ao capital próprio mais o passivo.
Qual o valor do seu património bruto neste momento? São 250€. E de património líquido (capital próprio) é de 200€. Está a ficar cada vez mais rico.

No dia seguinte, enquanto toma o pequeno-almoço e se prepara para ir pagar ao seu credor (o seu avô), o seu primo bate à porta para lhe entregar metade do valor que lhe devia.

O seu património modifica-se? O total dos seus recursos vai ser alterado? Não, os seus meios monetários aumentaram de 15€, que vão, mais uma vez, ser depositados na sua conta D.O., mas a conta a receber diminuiu no mesmo valor, logo passou a ter menos direitos sobre os seus devedores (o seu primo)!

Então, o seu novo balanço passa a ser o seguinte:

BALANÇO DE TONINHO CORTA-RELVAS, LDA.
EM 04/07/N (VALORES EM €)

ATIVOS		CAPITAL PRÓPRIO E PASSIVO	
ATIVO NÃO CORRENTE		CAPITAL PRÓPRIO	
Bicicleta	120	Capital subscrito	140
Cofre	20	Resultados do período	60
ATIVO CORRENTE		PASSIVO	
Conta a receber	15	PASSIVO CORRENTE	
Depósito à ordem	75	Financiamento obtido	50
Caixa	20		
Total	**250**	**Total**	**250**

O capital próprio não se alterou, pois o ativo menos o passivo continua com o mesmo valor.

Conta ao seu primo sobre o seu novo negócio e vai com ele, de bicicleta, a casa do seu avô para lhe pagar. Decide passar-lhe um cheque, pois é um documento muito fácil de preencher: é só olhar, ler com atenção e preencher, mas o Sr. Domingues também lhe tinha dado umas dicas, no dia em que abriu a conta Depósitos à Ordem.

O pagamento ao seu avô vai provocar alteração ao seu capital próprio? Não. A conta Depósitos à Ordem vai diminuir, pois vai passar um cheque ao seu avô no montante da sua dívida e o financiamento obtido também diminui, mas o capital próprio mantém-se, pois não sofre qualquer alteração.

Vamos refazer o balanço depois desta transação:

BALANÇO DE TONINHO CORTA-RELVAS, LDA.
EM 04/07/N (VALORES EM €)

ATIVOS		CAPITAL PRÓPRIO E PASSIVO	
ATIVO NÃO CORRENTE		CAPITAL PRÓPRIO	
Bicicleta	120	Capital subscrito	140
Cofre	20	Resultados do período	60
ATIVO CORRENTE		PASSIVO	
Conta a receber	15		
Depósito bancário	25		
Caixa	20		
Total	**200**	**Total**	**200**

Os seus recursos diminuíram, pois a liquidação da sua obrigação provocou um exfluxo de recursos, pois sacou um cheque sobre o seu Banco no valor do empréstimo que o seu avô lhe havia concedido.

A sua obrigação foi liquidada, portanto o passivo diminuiu, mas o valor do seu capital não mudou, manteve-se nos 200€. Agora os recursos são efetivamente todos da empresa *Toninho CORTA-RELVAS, Lda*. Todos os recursos da sua empresa são financiados apenas com capital próprio. O capital alheio ou o passivo da sua entidade agora é zero. Saldou a conta financiamentos obtidos.

Finalmente é o único dono de toda a empresa! Os recursos da empresa são todos financiados apenas com capital próprio, não há capital alheio!

Quando se dirigia para casa, com o seu primo, furou-se a roda da sua bicicleta. Por sorte, estava a passar ao lado da loja do Sr. António, que lhe vendeu a BTT, a quem pediu para arranjar a roda e para fazer uns autocolantes de publicidade para promover a atividade da sua empresa e colocá-los na bicicleta. O Sr. António cobrou-lhe 5€, pela roda e 7€ pelos autocolantes, que pagou com dinheiro que tinha no bolso e que era recurso da sua empresa.

Já teve **gastos** com o seu negócio. Estes gastos provocaram uma saída de recursos da sua empresa no período contabilístico corrente.
Os seus recursos diminuíram? Sim, ficou com menos 12€ em recursos. E no outro lado do balanço, o que vai diminuir para ficarem os dois lados iguais? Vai gerar-se um um gasto, que é uma variação negativa nos seus capitais próprios através de resultados, igual a 12€, que vai balancear com os resultados gerados anteriormente com os réditos da prestação de serviços. Balanceando os dois valores, o resultado deste período contabilístico é agora de 48€.

Assim, o seu balanço será:

BALANÇO DE TONINHO CORTA-RELVAS, LDA.
EM 04/07/N (VALORES EM €)

ATIVOS		CAPITAL PRÓPRIO E PASSIVO	
ATIVO NÃO CORRENTE		CAPITAL PRÓPRIO	
Bicicleta	120	Capital subscrito	140
Cofre	20	Resultados do período	48
ATIVO CORRENTE		PASSIVO	
Conta a receber	15		
Depósito bancário	25		
Caixa	8		
Total	**188**	**Total**	**188**

O valor do seu património alterou-se? Sim, diminuiu, pois os gastos diminuem o valor do resultado e logo dos capitais próprios, pois provocam um exfluxo de recursos da empresa.

Vamos agora recapitular:

Hoje fez várias transações, vamos relembrá-las:
Duas prestações de serviços:

Dra. Marlene	20€
Dr. Manuel	40€
Recebimento parcial da dívida do seu primo	15€

Pagamento do seu financiamento	50€
Dois gastos:	
Um arranjo da roda da sua BTT	5€
Gastos de publicidade	7€

Para registar estas transações, elaborou 4 balanços, mas **as empresas fazem um balanço por cada transação?** Não!

O número de vezes que se elabora um balanço, ou qualquer outra demonstração financeira, varia de entidade para entidade e depende do seu período contabilístico, mas normalmente realiza-se uma vez por ano para a generalidade das entidades.

O PERÍODO CONTABILÍSTICO

A informação financeira deve chegar aos seus utentes, externos e internos, atempadamente e frequentemente. Para isso, a entidade precisa de preparar demonstrações financeiras periódicas e em intervalos de tempo regulares. A noção de período contabilístico assume que as atividades de uma organização se podem dividir em períodos de tempo regulares, como por exemplo um mês, um trimestre, um ano.

As demonstrações financeiras devem ser preparadas no fim de cada período contabilístico.

Então, o que é o período contabilístico?

> **PERÍODO CONTABILÍSTICO**
> É o período de tempo coberto pelas demonstrações financeiras.

Um ano é considerado o período de tempo mais usual em contabilidade, devido à normal duração do ciclo operacional da generalidade das empresas e, normalmente, este coincide com o ano civil.

No caso da empresa *Toninho CORTA-RELVAS, Lda.*, e como quer aprender a linguagem contabilística rapidamente, vamos considerar o seu período contabilístico como semanal e apresentar as demonstrações financeiras, após cada semana. Claro que na vida real, esse período contabilístico, normalmente, corresponde ao período de doze meses.

DO BALANÇO À DEMONSTRAÇÃO DA POSIÇÃO FINANCEIRA

Analisando o balanço final da primeira semana de trabalho da sua empresa podemos obter resposta às seguintes questões:

Quais os recursos que a empresa controla? Aqueles que estão representados no ativo dessa entidade.

A quem pertencem os recursos? No balanço inicial pertenciam à empresa ou aos seus proprietários (a si) e aos seus credores (ao seu avô, que lhe concedeu um crédito), mas agora pertencem todos à empresa *Toninho CORTA-RELVAS, Lda.*, ou aos proprietários da empresa, que no caso concreto é apenas propriedade sua, pois constituiu uma sociedade unipessoal por quotas, conforme aconselhamento jurídico que recebeu do seu amigo Lucas Pintassilgo, conforme tivemos oportunidade de ver antes.

Como financia a empresa os seus recursos? No balanço inicial, os recursos foram financiados com o capital próprio (ou dos proprietários – os 140€ de capital inicial, que era seu) e com o capital dos credores (os 50€ de financiamento obtido, do seu avô, que já reembolsou). Assim, agora, é apenas o capital próprio que financia os seus recursos.

A empresa usa maior quantidade de capital dos credores (capital alheio) ou de capital próprio para se financiar? No início da atividade, a empresa usou uma pequena quantidade de capital alheio para se financiar, mas neste momento é apenas financiada com capital próprio.

> Vamos calcular:
> Qual a percentagem de capital próprio (CP) e alheio (CA) no total do capital da empresa (CT), no início da atividade:
> % de CP= 140/190x100=73,7 %
> % de CA= 50/190x100=26,3 %

O Balanço fornece aos utentes informações sobre a forma como a empresa é financiada, ou seja, sobre a posição financeira da empresa ou, se quiser, sobre a estrutura de capitais da empresa.

A empresa é financiada apenas com capital alheio? Apenas com capital próprio? Existe uma estrutura de capital ideal? Porque o Balanço responde a este tipo de questões, também se chama ao balanço **Demonstração da Posição Financeira da empresa**.

Mas será que o balanço lhe conta tudo o que aconteceu no seu negócio? Olhe para o seu último balanço.

Consegue, no balanço, ver qual o rendimento que obteve com os cortes de relva? Não. Consegue ver quais os gastos que suportou? Não. Teve 48€ de resultados, mas consegue, no balanço, ver como os obteve? Não!

Será que como empresário, gostaria de saber essas informações? Claro que sim!

O problema é que o Balanço não as divulga. O Balanço apenas nos mostra a posição financeira da empresa num determinado momento, assemelhando-se a uma fotografia. Precisamos de um outro quadro que nos forneça o registo dos acontecimentos ocorridos durante um determinado período de tempo. É dessa demonstração que vamos falar no capítulo seguinte.

◇◇◇

Se conseguiu resistir a mais esta etapa e gostou, prepare-se para a seguinte, que ainda vai ser melhor. Vamos aprender a construir um quadro que nos mostra com detalhe qual o desempenho que a entidade conseguiu obter num determinado período com as operações que realizou para o desenvolvimento da sua atividade, ou do seu objeto social.

◇◇◇

4

A DEMONSTRAÇÃO DOS RESULTADOS E A DEMONSTRAÇÃO DOS FLUXOS DE CAIXA

No capítulo anterior estudámos a **Demonstração da Posição Financeira** ou o **Balanço**. Concluímos que este mapa não fornece toda a informação essencial ao seu negócio. Mostra a posição financeira da empresa, ou seja, os recursos da entidade, e como são financiados esses recursos que a empresa dispõe para exercer a sua atividade em determinado momento, mas não nos informa sobre o contributo das transações realizadas para o desempenho da empresa.

Para obtermos esta e outra informação indispensável para a tomada de decisões, temos de elaborar outros mapas, nomeadamente, a **Demonstração dos Resultados** e, posteriormente iremos elaborar, também, a **Demonstração dos Fluxos de Caixa**.

DA DEMONSTRAÇÃO DA POSIÇÃO FINANCEIRA À DEMONSTRAÇÃO DOS RESULTADOS

Então qual a informação essencial ao seu negócio, fornecida na Demonstração dos Resultados, que o Balanço não fornece? Vamos analisar!

Analisando o balanço inicial e final, apresentados de seguida, verificamos que houve alteração na posição financeira da empresa.

BALANÇO DE TONINHO CORTA-RELVAS, LDA.
EM 01/07/N (INÍCIO DA 1ª SEMANA) (VALORES EM €)

ATIVOS		CAPITAL PRÓPRIO E PASSIVO	
ATIVO NÃO CORRENTE		CAPITAL PRÓPRIO	
Bicicleta	120	Capital subscrito	140
Cofre	20	PASSIVO	
ATIVO CORRENTE		PASSIVO CORRENTE	
Conta a receber	30	Financiamente obtido	50
Caixa	20		
Total	**190**	**Total**	**190**

BALANÇO DE TONINHO CORTA-RELVAS, LDA.
EM 07/07/N (FIM DA 1ª SEMANA) (VALORES EM €)

ATIVOS		CAPITAL PRÓPRIO E PASSIVO	
ATIVO NÃO CORRENTE		CAPITAL PRÓPRIO	
Bicicleta	120		
Cofre	20	Capital subscrito	140
ATIVO CORRENTE		Resultados do período	48
Conta a receber	15	PASSIVO	
Depósito bancário	25	PASSIVO CORRENTE	
Caixa	8	Financiamente obtido	0
Total	**188**	**Total**	**188**

No início, os recursos apresentavam determinado valor e eram financiados com capital próprio e alheio, apresentando no fim do período contabilístico um valor diferente, sendo financiados apenas com capital próprio. **Mas o que levou a essas alterações?** Não sabe!

Verificamos também que, no início o capital próprio era de 140€ e, no fim do período, de 188€. Mas **este mapa diz-lhe quanto obteve com os serviços prestados? Quais os seus rendimentos?** Não! **Diz-lhe quais os gastos em que incorreu para prestar esses serviços?** Não!

Obteve 48 € de resultados. **Mas como foram gerados esses resultados?** Não sabe ainda, mas vai sabê-lo brevemente!

O balanço funciona como uma fotografia, em que regista apenas um momento no tempo. É necessário um mapa que funcione como uma câmara de filmar, que mostre como se chegou da posição financeira inicial à final. Que, tal como um filme, tenha início, meio e fim.

O balanço não lhe fornece informação sobre a forma como os resultados foram obtidos. Pode encontrar essa informação no mapa que vamos estudar a seguir: **a Demonstração dos Resultados**.

Mas afinal o que é a Demonstração dos Resultados? É um mapa que fornece informação sobre a forma como os resultados foram obtidos!

E o que são os resultados?

Os resultados correspondem ao lucro ou o prejuízo obtido num determinado período de tempo. Este resultado obtém-se pela comparação entre os rendimentos obtidos e os gastos suportados ou incorridos num determinado período de tempo. É, portanto, um resíduo, uma mera diferença.

Os resultados do período são calculados como a diferença entre a totalidade dos rendimentos gerados no período menos os gastos suportados nesse período. Assim:

$$\text{RESULTADO DO PERÍODO} \;=\; \text{RENDIMENTOS} \;-\; \text{GASTOS}$$

Deve, atender, que o SNC parte de dois pressupostos base para a elaboração das DF. São eles: o pressuposto do acréscimo ou da especialização e o pressuposto da continuidade.

Atendendo ao pressuposto da continuidade vai admitir que a sua nova empresa vai continuar a laborar por tempo indeterminado e que não vai ter necessidade de a encerrar num futuro previsível.

No pressuposto da especialização deve atender-se que para o resultado de um período contabilístico devem concorrer todos os rendimentos gerados nesse período, bem como todos os gastos suportados com o desenvolvimento da atividade da empresa, independentemente do momento em que esses gastos e rendimentos originam despesas e receitas ou pagamentos e recebimentos.

Mas afinal o que são Rendimentos e Gastos!?
Na sua empresa, o que faz para obter resultados?

Corta a relva, ou seja, presta serviços de jardinagem. É através da prestação desses serviços que obtém os seus rendimentos.

Mas rendimentos são iguais a lucros?

Não! Os rendimentos correspondem aos resultados antes dos gastos suportados, ou seja, ao valor obtido com as vendas ou prestações de serviços. O lucro, ou prejuízo, corresponde aos resultados, depois de descontados os gastos incorridos.

E gastos são iguais a prejuízos? Não!

Gastos correspondem aos consumos suportados para obter os rendimentos. O prejuízo corresponde ao resultado gerado quando os gastos suportados são superiores aos rendimentos gerados durante um período contabilístico.

Ou seja:

$$\text{LUCRO/PREJUÍZO} \ = \ \text{RENDIMENTOS} \ - \ \text{GASTOS}$$

Esta é outra regra muito importante em contabilidade, mas é fácil, pois é lógica!

Repare que apenas existe lucro se os rendimentos forem maiores do que os gastos, senão existe prejuízo, conforme vimos anteriormente. Ao lucro ou prejuízo, obtido durante um período, chama-se em contabilidade **resultados do período.**

Assim:

> **A DEMONSTRAÇÃO DOS RESULTADOS**
> É um mapa onde se apura, pela comparação entre os **rendimentos** obtidos e os **gastos** incorridos, o resultado do período.

> Para Borges *et al.* (2007:39), a Demonstração dos Resultados é um quadro alfanumérico que contém informação reportada a um determinado intervalo de tempo, isto é, a um período de tempo que medeia entre as datas do Balanço.

No início de um período o valor dos resultados do período é sempre zero. É ao longo do período, com a realização de determinadas transações, que a empresa vai incorrendo em gastos e obtendo rendimentos, formando assim ao longo do período os seus resultados.

RENDIMENTOS

O que são rendimentos?
A sua empresa pode obter rendimentos da sua atividade habitual (ordinária), ou seja, das suas prestações de serviços ou das suas vendas, e neste caso os rendimentos chamam-se *réditos*. Já anteriormente referimos, ainda que sumariamente, esta distinção. Se não resultarem da sua atividade ordinária designam-se por *ganhos*.

Quando foi cortar a relva dos dois jardins obteve 60€ de rendimentos, melhor obteve um rédito desse valor. Mas existem transações que as empresas realizam em que os rendimentos obtidos se denominam ganhos.

Imagine que o seu primo lhe pedia para lhe emprestar a BTT da empresa **Toninho CORTA-RELVAS, Lda.** *Aceitou, mas com uma condição: teria que lhe pagar 5 por cada dia de aluguer.*

Iria aumentar os rendimentos da empresa. Mas estes rendimentos não resultariam da atividade ordinária da sua empresa (prestar serviços de jardinagem); seriam, por isso, ganhos.

Então, qual a definição de rendimentos? Os rendimentos aumentam os seus benefícios económicos ou não? Claro que aumentam!

Então:

> **RENDIMENTOS**
> São aumentos de benefícios económicos durante o período contabilístico (...).

Os benefícios económicos, obtidos com os cortes de relva, fizeram o seu ativo aumentar? Sim, o ativo aumentou em 60€.

Mas este aumento de benefícios económicos, em vez de ter aumentado o seu ativo, podia ter diminuído o seu passivo. Imagine que o Dr. Manuel, a quem cortou a relva por 40€, em vez de lhe pagar, pagava antes ao seu avô, a quem devia 50€ pelo financiamento obtido. O seu passivo diminuía.

Neste caso, o aumento de benefícios económicos não tinha aumentado o seu ativo, mas tinha diminuído o passivo, pois se essa operação acontecesse apenas ficaria a dever 10€ ao seu avô.

Então:

> **RENDIMENTOS**
> São aumentos de benefícios económicos durante o período contabilístico, que se traduzem em aumentos de ativos ou diminuições de passivos (...).

Do benefício económico que obteve com o corte da relva resultou um aumento do capital próprio da sua entidade? Sim!

$$\uparrow A \ = \ \uparrow CP \ + \ P$$

Como o ativo aumentou, para se verificar a equação fundamental da contabilidade, o capital próprio também aumentou.

Supondo que tinha pedido ao Dr. Manuel para entregar o dinheiro ao seu avô, o seu passivo tinha diminuído e o seu capital próprio aumentava, mantendo-se, no entanto o ativo.

$$A \ = \ \uparrow CP \ + \ \downarrow P$$

Podemos completar a definição de rendimentos:

> **RENDIMENTOS**
> São aumentos de benefícios económicos durante o período contabilístico que se traduzem em aumentos de ativos ou em diminuições de passivo **e que resultam em aumentos do capital próprio.**

GASTOS

O que são gastos?
A sua empresa, para obter rendimentos da sua atividade, suporta ou incorre em **gastos**, podendo também suportar **perdas**.

Lembra-se que a roda da sua bicicleta furou, quando vinha de liquidar a sua obrigação com o seu avô? Para a consertar, recorreu ao Sr. António, que lhe arranjou a bicicleta e que lhe colou os autocolantes para promover a atividade da sua empresa. Nesta altura suportou dois **gastos**, o conserto da roda e a publicidade colocada na sua bicicleta. Mas existem transações que as empresas realizam em que os gastos incorridos se denominam perdas.

Imagine que bicicleta BTT da empresa Toninho CORTA-RELVAS, Lda. tinha sido roubada. Teria um gasto ou uma perda? Teria uma perda, dado que esse acontecimento nada tem a ver com a atividade desenvolvida pela sua empresa.

Iria aumentar necessariamente os gastos totais da empresa. Mas estes gastos não foram suportados em resultado da atividade ordinária da sua empresa (prestar serviços de jardinagem) seriam, por isso, perdas.

Então qual a definição de gastos? Vamos ver...!
Quando suportou estes gastos com a avaria e com a publicidade os seus benefícios económicos aumentaram? Claro que não, bem pelo contrário diminuíram.

Então:

> **GASTOS**
> São diminuições de benefícios económicos durante o período
> contabilístico (...).

O seu ativo também diminuiu, pois ficou com menos dinheiro em Caixa, houve um exfluxo de ativos. Todavia, se não tivesse pago de imediato ao Sr. António, com a nota de 10€ que tinha na sua carteira, o ativo não se alterava, mas aumentava as suas obrigações, pois o Sr. António ter-lhe-ia arranjado a roda de qualquer maneira, já que o conhece a si e aos seus pais. Ficava, se tivesse sido este o caso, com a obrigação de lhe pagar no futuro, logo o seu passivo aumentava.

Então:

> **GASTOS**
> São diminuições de benefícios económicos durante o período
> contabilístico **que se traduzem em diminuições de ativos
> (exfluxo de ativos) ou em aumentos de passivo.**

E o seu capital próprio modificou-se quando suportou esses gastos, que se traduziram depois num exfluxo de ativos (saída de dinheiro). Diminuiu? Sim!

$$\downarrow A \; = \; \downarrow CP \; + \; P$$

Pois como o ativo diminuiu para se verificar a equação fundamental da contabilidade, o capital próprio também diminuiu.

Supondo que, não tinha pago ao Sr. António, o seu passivo aumentava e o seu capital próprio diminuía.

$$A \; = \; \downarrow CP \; + \; \uparrow P$$

Podemos completar a definição de gastos:

> **GASTOS**
> São diminuições de benefícios económicos durante o período contabilístico que se traduzem em diminuições de ativos (exfluxo de ativos) ou em aumentos de passivo, **que resultam em diminuições do capital próprio.**

AS CONTAS
DE GASTOS
E DE RENDIMENTOS

Tal como acontece no Balanço, também na Demonstração dos Resultados os gastos e os rendimentos com caraterísticas homogéneas são agrupados em contas.

Na sua empresa, e até agora, tem apenas uma conta de **Rendimentos** e outra de **Gastos**. A conta de rendimentos, que são obtidos pela prestação de serviços que realiza aos seus clientes, e que consiste em cortes de relva em jardins, e que se denomina em termos técnicos de "**Prestação de serviços**". A conta de gastos incorridos com o serviço da reparação da bicicleta e da colocação de publicidade denomina-se de conta de "**Fornecimentos e serviços externos**". O Sr. António prestador desses serviços e pessoa externa à empresa, passará a ser considerado um fornecedor da sua empresa.

Normalmente numa empresa existem inúmeras contas de rendimentos e gastos, pois existem muito mais transações com as mesmas caraterísticas, do que as realizadas na sua empresa.

DEMONSTRAÇÃO DOS RESULTADOS
Apresenta várias linhas. Cada uma destas linhas pode representar só uma conta ou na mesma linha pode haver agregação de várias contas. E mais uma vez, como também fizemos quando elaboramos o Balanço, cada conta vai corresponder a uma linha.

Vamos então construir a Demonstração dos Resultados:

DEMONSTRAÇÃO DOS RESULTADOS
DE TONINHO CORTA-RELVAS, LDA.
DE 01/07/N A 07/07/N (VALORES EM €)

GASTOS		RENDIMENTOS	
Fornecimento e serviços externos	12	Prestação de Serviços	60
Resultados do período	48		
Total	**60**	**Total**	**60**

Compare os números desta Demonstração dos Resultados com os do Balanço final. **Vê algum número comum aos dois documentos?** Sim. Os resultados do período. **Portanto, os resultados do período são os mesmos nos dois documentos.**

Mas que informação lhe dá o Balanço relativamente aos resultados do período? Informa apenas qual o seu valor, qual a quantia desse resíduo do período. **E a Demonstração dos Resultados?** Informa como se obtiveram os resultados do período. No caso concreto, 60€ resultaram das prestações de serviços (PS) realizadas no período, deduzidos de 12€ de gastos incorridos com Fornecimentos e Serviços Externos (FSE).

Já dissemos anteriormente que o balanço apenas se elabora no início do período (Balanço inicial) e no fim do período (Balanço final). **Quais os resultados da sua entidade no balanço inicial?** Zero. **E no balanço final?** 48€. **O que liga o balanço inicial ao final?** A Demonstração dos Resultados.

Está a ir muito bem na compreensão das regras básicas da contabilidade! E como as coisas estão a correr tão bem, aqui vai mais um pequeno desafio.

Há informações relativas aos pagamentos e recebimentos que não aparecem nem no Balanço final nem na Demonstração dos Resultados.

Vamos pensar!

Responda a estas perguntas:

1. Qual o valor dos recursos no balanço final? 188€. E no balanço inicial? 190€. O que levou à variação do Ativo?
2. Qual a razão pela qual o ativo não variou tanto quanto os resultados? Não sabe!
3. Quanto se pagou e se recebeu neste período?
4. Teve 48€ de resultados, mas na Caixa e no banco apenas tem 33€, porquê?

Para obter resposta a todas estas questões é necessário elaborar mais uma demonstração: a Demonstração dos Fluxos de Caixa (DFC).

Vamos então ver o terceiro mapa contabilístico: a Demonstração dos Fluxos de Caixa.

A DEMONSTRAÇÃO DOS FLUXOS DE CAIXA

Mas o que é, afinal, uma Demonstração dos Fluxos de Caixa?
É, tal como o Balanço e a Demonstração dos Resultados, um mapa financeiro.

E o que se regista nesse mapa? Os fluxos de Caixa. Ou seja, registam-se todas as entradas e as saídas de dinheiro da empresa em um determinado período de tempo. Essas entradas e saídas vão traduzir-se em variações de Caixa e seus equivalentes.

Os movimentos da conta depósitos à ordem também correspondem a entradas e saídas de dinheiro e consideram-se equivalentes de Caixa e aparecem no Balanço incluídos na rubrica Caixa e depósitos bancários.

Em contabilidade, às entradas em Caixa (e equivalentes) chamam-se recebimentos ou influxos e às saídas pagamentos ou exfluxos.

Tal como na Demonstração dos Resultados, é ao longo do período com a realização de determinadas transações que a empresa vai obtendo recebimentos e fazendo pagamentos, alcançando no final do período o saldo final de Caixa e seus equivalentes.

Assim:

> **DEMONSTRAÇÃO DOS FLUXOS DE CAIXA**
> É um mapa onde se apura o saldo final de Caixa e seus equivalentes, pela comparação entre os influxos e os exfluxos de Caixa num determinado período.

Tinha algum dinheiro em Caixa quando iniciou a sua atividade?
Sim, tinha 20€. Depois recebeu 60€ dos serviços que prestou aos seus clientes (recebimento de clientes), e 15€ que o seu primo lhe devia e lhe pagou (recebimento de outras contas a receber). Também pagou ao seu avô os 50€ que ele lhe tinha emprestado para iniciar o seu negócio (pagamento a credores). Pagou, também, 12€ ao Sr. António pelo arranjo e pela colocação da publicidade na sua bicicleta (pagamento de fornecimento e serviços externos – FSE).

Agora que já sabe o que figura na Demonstração dos Fluxos de Caixa e já refletiu sobre todas as suas entradas e saídas de dinheiro, podemos construir o referido mapa.

DEMONSTRAÇÃO DOS FLUXOS DE CAIXA
DE TONINHO CORTA-RELVAS, LDA.
DE 01/07/N A 07/07/N (1ª SEMANA) (VALORES EM €)

ENTRADAS		SAÍDAS	
Recebimentos de clientes	60	Pagamento de FSE	12
Recebimentos de outras contas a receber	15	Pagamento a credores	50
Saldo inicial Caixa	20	Saldo final de Caixa e equivalentes	33
Total	**95**	**Total**	**95**

Analisando este mapa, podemos responder à seguinte questão:

O Balanço mostra-lhe se a posição financeira da empresa se alterou. O capital próprio aumentou, o passivo foi liquidado e o ativo diminuiu. **Mas o que levou a estas alterações?**

O aumento do capital próprio é explicado na demonstração dos resultados. Tal situação deveu-se ao bom desempenho da sua empresa que obteve um resultado positivo (lucro) de 48€.

E o passivo desapareceu porquê? Porque pagou aos seus credores (50€ ao seu avô).

E o ativo diminuiu em 2€ porquê? Porque recebeu de clientes 60€, mas pagou 62€ (FSE: 12€ e a credores: 50€).

Então e o que recebeu do seu primo não fez aumentar o ativo? Não, apenas houve transferências entre contas do ativo, não variou o ativo mas fez variar o saldo de Caixa e equivalentes de Caixa.

Estas explicações são dadas na Demonstração dos Fluxos de Caixa. Este mapa explica como se obte o saldo de Caixa e equivalentes de Caixa em determinado momento, mas também serve para dar resposta à seguinte questão:

Porque é que o saldo de Caixa não variou tanto como o resultado do período?

Vamos pensar!
Responda a estas 3 perguntas:

1. **Quanto variou o saldo de Caixa e equivalentes?** Passou apenas de 20€ para 33€, teve uma variação positiva de 13€.
2. **Quanto variou o resultado do período?** Passou de 0€ para 48€, teve uma variação positiva de 48€.
3. **Porque é que o saldo de Caixa não variou na mesma proporção que o resultado do período? Porque existe a diferença de 35€ entre estas duas variações?** Porque houve pagamentos e recebimentos relacionados com o período passado, nomeadamente, o pagamento de 50€ do financiamento obtido e o recebimento de 15€ de contas a receber.

Assim, se se partir do **Resultado do período** para chegar à **variação do saldo de Caixa e equivalentes de Caixa**, tem que se somar o recebimento do primo e subtrair o pagamento ao avô. Estas transações não estão incluídas no **Resultado Líquido do período,** pois não se referem a rendimentos ou gastos, mas a direitos e obrigações, que se traduziram durante este período em fluxos de recebimentos e pagamentos, e que são, por isso, evidenciados apenas em Caixa e depósitos bancários.

Repare:

Resultados do Período	+48
+ Recebimentos de outras contas a receber	+15
- Pagamento (diminuição das dívidas a credores)	-50
= Variação de Caixa	13

A Demonstração dos Fluxos de Caixa também serve para explicar porque é que a variação do valor em Caixa não coincide com o **Resultado Líquido do período.** Na página seguinte pode analisar a relação que existe entre as diferentes demonstrações financeiras.

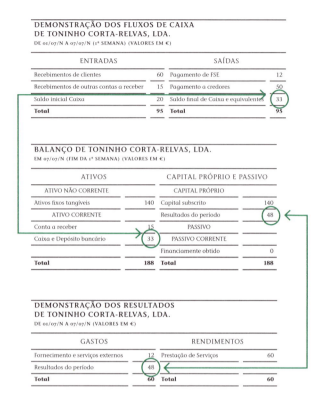

Está a ir muito bem!

Lembra-se que tal como a formiga é necessário persistência para compreender a contabilidade. Continue que está a dois passos de ser um craque nesta matéria!

Analise a ligação que pode ser feita entre estas três demonstrações que acabámos de estudar. Depois passe para o capítulo seguinte, pois ainda falta um bocadinho para se tornar craque nas contas da empresa! Mas está quase! Só tem que ter um pouco mais de paciência!

5

—

DINÂMICA EMPRESARIAL

—

Em capítulo anterior fez o registo de algumas transações que se refletiram no Balanço. Concluiu que é necessário elaborar a Demonstração dos Resultados e a Demonstração dos Fluxos de Caixa, pois não só clarificam a informação do Balanço como acrescentam informação e são demonstrações que estão todas interligadas. Falta agora determinar como é que a partir das demonstrações financeiras do início de um período se chega às demonstrações financeiras do final desse período.

A dinâmica empresarial refere-se às transações realizadas diariamente e durante um determinado período entre a empresa e o exterior e são inúmeras ao longo de um período contabilístico.

Como registar na contabilidade esta dinâmica empresarial? Será necessário, para cada transação, realizar balanços sucessivos como fizemos no capítulo anterior?
Não. Neste capítulo, vai aprender como chegar às demonstrações financeiras do final de período de forma mais célere, e mais próxima da realidade.

CONTABILIDADE NA DINÂMICA EMPRESARIAL

O seu telemóvel não pára de tocar! Tem tantos pedidos e não sabe como dar resposta a todos! A relva no verão cresce imenso!

É o médico, o Dr. Manuel, que vai de férias, mas que quer que lhe continue a cortar a relva e lhe cuide do jardim.

É uma das suas vizinhas, que tirou o número de telemóvel da publicidade na sua bicicleta e lhe telefona.

É o Sr. Félix, construtor civil, que o encontrou ontem no café onde foi comer um gelado com o seu avô. Pediu-lhe para lhe cortar a relva das 4 vivendas que tem à venda.

São duas amigas da sua mãe que também querem que lhe trate dos seus jardins.

Não sabe o que fazer a tantas solicitações. Necessita de uma agenda para apontar as marcações. A sua próxima semana está ocupadíssima. Todos querem a relva cortada na semana seguinte!

Como resolver a situação?!

O melhor seria arranjar alguém para trabalhar consigo, pois sozinho não vai conseguir dar conta do recado!

A quem pedirá ajuda?

Pensa e, como sabe que o seu primo Tomás é trabalhador, pergunta-lhe se ele o pode ajudar no seu negócio. Ele aceita a sua proposta e decide cortar a relva consigo. No fim de cortarem a relva de uma das vivendas do Sr. Félix, ele assiste ao pagamento e diz que só vai continuar a ajudá-lo se o contratar e se lhe pagar a 3€ por hora.

Esta situação apanhou-o desprevenido, pois com o dinheiro que tem em Caixa e no banco estava a pensar adquirir um aparador de relva. Os seus clientes atuais apenas têm corta-relvas e os rebordos dos relvados ficam feios e inestéticos. Precisa de um aparador de relva para os seus clientes ficarem mais satisfeitos com o seu trabalho e talvez lhe paguem mais pelos seus serviços, fazendo aumentar os seus futuros benefícios económicos.

Bem, não tinha pensado neste gasto, mas o seu primo tem razão! Tem de pagar ao seu pessoal, neste caso ao seu primo!

Concorda com ele, mas considera que 3€ por hora é demasiado caro. A sua produtividade ainda é baixa, pois demora 2h para cortar 100m² de relva, enquanto, você no mesmo tempo e com a sua experiência, já corta 400m². Além disso, perde muito tempo a ensiná-lo e esta é uma má altura para incorrer em mais gastos, pois estava a pensar fazer investimentos que pudessem ajudar no crescimento e expansão do seu negócio.

No entanto, também considera necessário e urgente a ajuda de uma pessoa para conseguir satisfazer todos os seus pedidos. Repensa as suas prioridades e chega a um acordo com o seu primo: pagar-lhe-á 2,5€ por hora, com a promessa de um futuro aumento na medida em que se verifique um acréscimo da sua produtividade.

Depois das negociações o trabalho recomeçou.

Até ao meio da semana trabalharam imenso, mas os pedidos começaram a diminuir. Agora que o negócio estava a correr tão bem e que já tinha uma pessoa para trabalhar consigo, os pedidos de prestações de serviço diminuem. Mais uma vez o seu negócio volta a preocupá-lo.

—"E agora? O que é que vou fazer?!"

Sabia que não devia desanimar, pois as preocupações e os imprevistos constantes fazem parte do mundo dos negócios. Um bom empresário nunca desiste à primeira dificuldade. Quando surgem problemas há que arranjar soluções para que o negócio continue e, se possível, vá crescendo.

E com o seu espírito empreendedor, não pode desistir, mas pelo contrário tem que procurar uma solução. Lembra-se que a sua irmã está a tirar o curso de informática e pede-lhe para lhe fazer um site da sua empresa na Internet. Ela acede ao seu pedido mas, tal como o seu primo, pede-lhe que lhe pague o seu trabalho. Fica estupefacto, pois ela é sua irmã e está a tentar ganhar dinheiro consigo.

***Não!** Ela só está a zelar pelos seus próprios interesses de empreendedora tal como, também, fez quando decidiu iniciar o seu negócio!*

— "Oh, não! Mais gastos!"

Gastos, não! *Caso o site lhe permita obter benefícios económicos ao longo de vários períodos, não é gasto é, pelo contrário, um Ativo intangível, ou seja, um Ativo não corrente, que vai ser detido com continuidade na entidade, e que se destina a ser utilizado ao longo de vários períodos para o ajudar a gerar benefícios económicos futuros.*

Pelo seu serviço pede-lhe 40€ e acrescenta que é um preço para irmão. Como não tem alternativa, aceita! Sabe que não vale a pena tentar convencê-la a baixar o preço, ela é irredutível. Além disso, espera que com o site as encomendas dos seus serviços aumentem, mas refere que apenas lhe pode pagar em duas prestações. Uma quando o site ficar pronto e outra 30 dias depois.

Agora que tem um bocadinho de tempo livre, aproveita e vai visitar o seu avô. Quando entra, ele está no escritório com a Sra. D. Graça, mediadora de seguros. O seu avô contrata todos os seus seguros com ela. Cumprimenta-a e ela pergunta-lhe como estão a correr as férias. Conta-lhe da sua nova aventura relacionada com a criação da sua empresa, de todos os serviços que tem prestado e refere que também lhe pode cortar a relva do seu jardim. Ela diz-lhe que quando precisar vai requisitar os serviços da sua empresa e aproveita para lhe perguntar se já tem um seguro de acidentes de trabalho.

— "Seguro de quê!?"

De acidentes de trabalho! Um seguro que o proteja, a si e ao seu primo, enquanto trabalhadores da **Toninho CORTA-RELVAS, Lda.**, *se vos acontecer algum acidente de trabalho enquanto cortam os relvados. Ela explica-lhe como funciona o seguro. Diz-lhe que tem que pagar um prémio de 30€, mas que se lhe acontecer um acidente de trabalho, durante os próximos dois períodos contabilísticos, recebe uma indemnização. Claro que a existência do seguro não lhe retira as dores do acidente, mas compensa-o pelos dias que não trabalhar devido ao acidente, além de lhe pagar também as despesas incorridas com o acidente. Informa-o, também, que é obrigatório, por lei, todas empresas terem este tipo de seguros quando têm trabalhadores ao serviço.*

Mais gastos, não!

Caso o seguro lhe permita cobrir o risco de acidentes de trabalho ao longo de dois períodos, o prémio a pagar não pode ser considerado gasto apenas deste período, mas tem que ser repartido pelos dois períodos. É portanto um prémio que vai cobrir o risco de acidentes ao longo de dois períodos e deve ser considerado gasto ao longo de todos estes períodos. Lembra-se do pressuposto do acréscimo referido anteriormente? Claro que sim, assim sendo só deve registar numa conta de gastos a parte destes relativa ao período corrente, e o valor restante e correspondente ao período futuro terá que ser reconhecido numa conta designada de Diferimentos - Gastos a reconhecer. Nesta conta registam-se os gastos que dizem respeito a períodos futuros, ainda que neste período tenha sido assumido a responsabilidade total perante a Companhia de Seguros ou, até mesmo, pago todo o prémio do seguro.

— "Oh, mas eu não trouxe dinheiro comigo!"

Pensou sobre o assunto e pediu a opinião do seu avô, que o aconselhou a proteger-se contratando o referido seguro.

Entende que é um bom conselho e decide contratar o seguro, mas apenas tem 2€ no bolso, logo não tem como liquidar essa obrigação. A Sra. D. Graça diz-lhe que não há problema! Faz o seguro agora e depois passa no escritório dela para fazer o pagamento, mas a partir deste momento está protegido!

Quando regressa a casa e como já tinha planeado adquirir um aparador de relva, vai pesquisar na internet sobre as caraterísticas de uma máquina desse tipo e que seja adequado ao seu negócio.

Um aparador como o que consta no quadro era o ideal para a sua empresa, não apenas pela alça de transporte mas, também, pela tecnologia de lítio, pois a bateria de lítio irá permitir que faça uma gestão inteligente da energia enquanto protege o meio ambiente.

Caraterísticas:
- Sem fios;
- Bateria de lítio;
- 2Kg de peso;
- Alça de transporte

Uma boa empresa é aquela que se preocupa, não apenas com a obtenção de lucros, mas também com a proteção do meio ambiente e a sustentabilidade do nosso planeta.

Para obter o melhor preço na sua aquisição faz uma consulta ao mercado e pede orçamentos a vários vendedores de equipamentos de jardim.

Dos muitos orçamentos que foram recebidos os preços variam entre 100€ e 150€.

— "Tão caros!!!!"

Depois de analisados os orçamentos decide comprar o aparador na MaquiJardim, Lda., por 120€. Como já despachou o trabalho, desloca-se de bicicleta à loja, situada a 3 Km de sua casa. Faz negócio com o Sr. Martinho e aproveita para ver o preço de um cortador de relva, também com bateria de lítio, para que possa cortar a relva de potenciais clientes sem equipamento. No entanto, surge um novo obstáculo: o corta-relva custa 280€ e já entregou quase todo o dinheiro que tinha em Caixa e no Banco para pagar o aparador. Ficou quase sem meios monetários.

— "Oh! O que fazer para poder adquirir o corta-relva?"

Se o Sr. Martinho o deixasse pagar em prestações, seria mais fácil! Mas como não vende a prestações, precisa de outro tipo de financiamento.

Conversa com o seu pai a fim de obter um financiamento. Mas, também ele teve gastos inesperados durante este mês apenas lhe pode emprestar 30€. Mas precisa de mais!

Tem compromissos já assumidos e sem dinheiro em Caixa e na sua conta Depósitos à Ordem não os consegue pagar! Pode voltar a precisar dos serviços do seu primo e tem de pagar à sua irmã a construção do site!

Para solucionar o seu problema, o seu pai sugere-lhe que vá falar com o seu amigo, Sr. Domingues, funcionário do banco onde abriu a conta. Ele conhece-o desde pequenino e certamente irá conceder-lhe um financiamento.

O pai diz-lhe que vá ter com ele e conte-lhe a história da sua empresa. Explique-lhe a sua necessidade de adquirir um novo recurso (o corta-relva) para a sua empresa, mas que lhe falta meios financeiros para fazer esse investimento, quase não tem dinheiro nem na Caixa nem no banco. Assim faz. Vai ao banco falar com o Sr. Domingues. Ele diz-lhe que o banco o pode financiar, mas para isso tem que lhe entregar as demonstrações financeiras da sua empresa.

—"Ah! As Demonstrações Financeiras!"

Esta semana ainda não teve tempo para fazer qualquer registo das transações realizadas! E foram "montes" delas! Mas não há problema, tem todos os documentos guardados na gaveta da sua secretária, é só organizá-los e registar as transações.

Chega a casa e conta ao seu pai tudo o que lhe aconteceu nessa tarde. O seu pai pergunta-lhe quantos euros tem na sua conta Depósitos à Ordem e em Caixa. Responde-lhe que não sabe bem, pois ainda não fez as demonstrações financeiras. De seguida ele lembra-lhe que lhe emprestou 30€ e pede-lhe que lhe passe um cheque no valor de 10€ para amortizar o que lhe deve.

Na altura estava a precisar de dinheiro para o corta-relva e o seu pai financiou-o, não lhe exigindo qualquer compensação monetária pelo financiamento, logo não era urgente que amortizasse a sua dívida! Ele não lhe iria cobrar nada pelo empréstimo, só tinha que lhe devolver a quantia que lhe tinha emprestado e nada mais! Era um financiamento gratuito! Todavia, agora tinha que atender às suas necessidades reembolsando-o parcialmente do empréstimo que ele lhe tinha concedido.

Decidiu, por isso, passar-lhe um cheque para esse efeito. Nunca se esqueça que cada vez que emitir um cheque para alguém, a sua conta de depósitos à ordem diminui.

> No mundo dos negócios, financiamentos gratuitos raramente existem. Os bancos emprestam dinheiro, mas não são empréstimos gratuitos. As instituições de crédito cobram uma parcela sobre o dinheiro que emprestam. Emprestam determinadas quantias monetárias, mas é necessário pagar-lhes o juro, que corresponde ao preço que se tem de pagar pelo dinheiro.

Quando o seu banco lhe emprestar dinheiro vai perceber melhor como funcionam os empréstimos e o pagamento de juros. Vai concluir que o financiamento do seu pai foi gratuito, por isso não incorreu em quaisquer gastos. Esta situação (financiamento gratuito) não vai acontecer com o financiamento bancário, é necessário pagar juros, vai incorrer em gastos de financiamento.

Vai fazer as Demonstrações Financeiras desta semana para as entregar rapidamente no banco.

Vamos recapitular as transações desta semana.

Recapitulando:

1. Recibos de prestações de serviços, pagos em dinheiro — 150€
2. Recibos de prestações de serviços pagos em cheque — 50€
3. Corte da relva a crédito ao Dr. Manuel que ainda não pagou por estar de férias — 60€
4. Pagamento da remuneração ao primo — 30€
5. Encomenda da realização do *site* à irmã — 40€
6. Contrato de seguro de acidentes de trabalho por pagar — 30€
7. Fatura-recibo da aquisição do aparador de relva — 120€
8. Financiamento obtido do pai — 30€
9. Cheque para amortização da dívida ao pai — 10€

Agora que já relembrou as transações que fez durante a semana, como irá reconhecer todas estas operações nas suas Demonstrações Financeiras?

Será que temos que fazer sucessivas Demonstrações Financeiras, da primeira à última transação, para obter as Demonstrações Financeiras do final do período?

Não! Nas empresas este método não é viável devido ao volume de transações a registar diariamente. Por outro lado, as empresas devem possuir um registo cronológico das operações – Diário – e um registo sistemático – Razão. É com base nestes Livros que a empresa vai construir as suas Demonstrações Financeiras.

O DIÁRIO
E O RAZÃO

Então como registar as transações no Diário e no Razão?

No passado, as transações eram registadas manualmente no livro do Diário, assim como o saldo das contas era apurado mediante o registo, também manuscrito, nas folhas do livro do Razão. Hoje em dia, estes livros são gerados por programas informáticos de contabilidade. O preparador das Demonstrações Financeiras, o CC, apenas insere no programa, relativamente a cada transação:

- a data;
- o nome das contas;
- os valores a aumentar e/ou a diminuir em cada conta;
- o resumo explicativo da transação.

Como se registam nas contas os aumentos e diminuições?

Para fazer estes registos, é necessário que entenda a representação esquemática de uma conta.

A CONTA EM "T"

As folhas das contas do Razão podem ser representadas esquematicamente por um T ("tê"):

TÍTULO DE CONTA

Lado Esquerdo DÉBITO	Lado Direito CRÉDITO

Em todas as contas regista-se de um lado os aumentos e, do outro as diminuições. Esses aumentos e diminuições podem ser registados a débito ou a crédito, conforme a natureza das contas (ativas, passivas, de capital próprio, dos gastos e dos rendimentos).

À diferença entre o total de débitos e o total dos créditos dá-se o nome de saldo da conta. O saldo da conta indica o seu valor em cada momento.

PARA CALCULAR O SALDO DA CONTA TEMOS DE:
- Calcular o total dos aumentos de um lado,
- Calcular o total das diminuições do outro lado,
- Subtrair ao total dos aumentos as diminuições e
- Calcular o seu saldo.

Por exemplo, vamos analisar o Razão da conta Depósitos à Ordem da empresa *Toninho CORTA-RELVAS, Lda.* no fim da 1.ª semana (07/07/N):

DEPÓSITO À ORDEM

Valor da conta no início do período	0 €		
Depósito do recebimento de clientes	60 €	Pagamento a credores	50 €
Recebimento de outras contas a receber	15 €	Pagamento de salários	0 €
TOTAL DOS AUMENTOS	75 €	Total das diminuições	50 €
Menos diminuições	50 €		
Saldo da conta	25 €		

Qual o saldo da conta no fim da primeira semana? 25€
Qual o valor que existe em depósito à ordem, nesta data? 25€
Que nome se dá ao lado esquerdo da conta? E ao lado direito?
O lado esquerdo é o Débito e o lado direito é o Crédito. Porquê no lado esquerdo o débito e no lado direito o crédito? Trata-se de uma convenção contabilística muito antiga.

> Sempre que se regista um valor do lado esquerdo da conta diz-se em contabilidade que se debita a conta, por isso o lado esquerdo é o lado do débito; sempre que se regista do lado direito diz-se que se credita a conta, por isso, o lado direito da conta é o lado do crédito.

O saldo da conta obtém-se pela diferença entre débito e crédito.

> PODE ACONTECER QUE:
> Débito > Crédito → Saldo devedor
> Débito = Crédito → Saldo nulo
> Débito < Crédito → Saldo credor

Relativamente ao exemplo anterior podemos dizer que **o saldo da conta Depósitos à Ordem é devedor, credor, ou nulo?** O saldo é devedor, porque o débito é maior que o crédito. A conta de Depósitos à Ordem é uma conta do ativo.

O preparador das demonstrações financeiras necessita de, para cada operação, saber quais as contas que deve movimentar e como as movimenta. **Debita-as? Credita-as? Debita umas e credita outras?**

Para movimentar as contas corretamente é necessário aprender a utilizar o método digráfico ou método das partidas dobradas.

MÉTODO DIGRÁFICO

De acordo com este método toda a transação económica é registada na contabilidade no **mínimo em duas contas**, uma a débito (lado esquerdo da conta) e outra a crédito (lado direito da conta), mantendo-se sempre a **igualdade entre o total dos débitos e o total dos créditos.**

Não se esqueça que tudo isto é necessário para conseguir registar rapidamente todas as suas transações da última semana, para que possa entregar no banco as **Demonstrações Financeiras** da sociedade *Toninho CORTA-RELVAS, Lda.*

Vamos então aprender como se regista cada transação, não esquecendo que o seu registo implica um movimento sempre de pelo menos duas contas.

> **MÉTODO DIGRÁFICO**
> As transações económicas registam-se na contabilidade no **mínimo em duas contas** e o valor total dos débitos é sempre **igual** ao total dos **créditos.**

De que lado se movimenta uma conta quando aumenta? Do lado esquerdo ou do direito? Do lado do débito ou do crédito? **E quando diminui?**

Para sabermos as respostas para todas estas perguntas, temos de aprender as regras de movimentação de contas.

REGRAS DE MOVIMENTAÇÃO DE CONTAS

Para aprender a movimentar as contas tem que fixar as seguintes regras:
- O método digráfico verifica-se sempre que se regista uma transação;
- Para registar uma transação são necessárias contas de balanço e podem também ser necessárias contas da Demonstração dos Resultados.

Deve conseguir identificar na representação gráfica do Balanço, que aprendeu, uma conta, em que do lado do débito estão as contas do ativo e do lado do crédito as contas do passivo e do capital próprio.

Deve também conseguir identificar na representação gráfica da Demonstração dos Resultados, uma conta, em que do lado do débito estão todas as contas de gastos e do lado do crédito as contas de rendimentos.

A título de exemplo, veja algumas das contas do balanço e da demonstração dos resultados:

CONTAS DO BALANÇO	
ATIVO	CAPITAL PRÓPRIO E PASSIVO
Ativos fixos tangíveis	CAPITAL PRÓPRIO
Propriedades de investimento	Capital subscrito
Ativos intangíveis	Reservas
Participações financeiras	Resultado Líquido do Período
Inventários e ativos biológicos	PASSIVO
Clientes	Fornecedores
Outros créditos a receber	Estado e outros entes públicos
Gastos a reconhecer	Financiamentos obtidos
Ativos financeiros detidos para negociação	Acionistas/Sócios
Outros depósitos bancários	Outras dívidas a pagar
Depósitos à ordem	Rendimentos a reconhecer
Caixa	Outros passivos financeiros

CONTAS DA DEMONSTRAÇÃO DOS RESULTADOS	
GASTOS	RENDIMENTOS
Custo das Mercadorias Vendidas e das Matérias Consumidas (CMVMC)	Vendas
Fornecimentos e serviços externos	Prestações de serviços
Gastos com pessoal	Subsídios à exploração
Gastos de depreciação e amortização	Variações nos inventários da produção
Perdas por imparidade	Trabalhos para a própria entidade
Reduções de justo valor	Reversões
Provisões do período	Aumentos de justo valor
Outros gastos	Outros rendimentos
Juros e gastos similares suportados	Juros e rendimentos similares obtidos

Responda agora a estas questões:

> **Quando aumenta uma conta do Ativo de que lado regista esse aumento? Do lado do débito ou do crédito?** Do débito, claro!
>
> **E as contas do passivo, quando aumentam, de que lado regista esse acréscimo?** Do crédito! Pois o passivo está representado no balanço do lado do crédito. Continua a acertar!

Assim, as contas do ativo, quando **aumentam debitam-se** e quando **diminuem creditam-se**.

As contas do passivo quando **aumentam creditam-se** e quando **diminuem debitam-se**.

As contas do capital próprio quando **aumentam creditam-se** e quando **diminuem debitam-se**.

As contas de gastos quando **aumentam debitam-se**.

As contas de rendimentos quando **aumentam creditam-se**.

Já sabe como movimentar as contas do ativo e do passivo?

AS CONTAS DO ATIVO
Quando aumentam debitam-se e quando diminuem creditam-se.

AS CONTAS DO PASSIVO
Quando aumentam creditam-se e quando diminuem debitam-se.

É necessário cuidado e não cair no erro de pensar que debitar significa aumentar e creditar significa diminuir, pois isto só acontece em contas do ativo, nas contas do passivo creditar significa aumentar e diminuir significa debitar.

Olhando para a demonstração dos resultados como uma conta, facilmente se percebe que OS RENDIMENTOS ESTÃO A CRÉDITO E OS GASTOS A DÉBITO! Certo!

Já sabe como movimentar as contas dos rendimentos e dos gastos?

As CONTAS DOS RENDIMENTOS $\longrightarrow$ Quando aumentam creditam-se.

As CONTAS DOS GASTOS $\longrightarrow$ Quando aumentam debitam-se.

Sabendo estas regras e nunca se esquecendo que é necessário respeitar sempre o método digráfico, vai ver como é fácil registar as transações.

Antes de fazermos estes registos vamos ver como se passa de um balanço do final de um período para o balanço inicial do outro período e como se registam os valores do balanço inicial nas contas, respeitando sempre as regras de movimentação de contas e o método digráfico.

DO BALANÇO INICIAL AO BALANÇO FINAL

No início de qualquer período contabilístico a única demonstração financeira que existe é o Balanço inicial.

A Demonstração dos Resultados no início de um período não tem qualquer registo, pois o "filme" ainda não começou e o "filme" do período anterior acabou quando se apurou o resultado do período.

A Demonstração dos Fluxos de Caixa que regista o dinheiro que entra e sai da Caixa e de Depósitos à Ordem num determinado período está espelhada na conta Caixa e Depósitos à Ordem.

Qual o balanço inicial do seu período? O balanço final do período passado, aquele em que apurou 48€ de resultados líquidos do período, vai ser o seu balanço inicial deste período, apenas com a seguinte alteração: No balanço inicial não existe resultado do período, pois este apenas se forma ao longo do período, à medida que a empresa através do uso dos seus recursos (ativos) vai obtendo rendimentos e incorrendo em gastos.

O resultado líquido do período passado que transita para este período chama-se resultado transitado.

O seu balanço inicial será:

BALANÇO DE TONINHO CORTA-RELVAS, LDA.
EM 08/07/N (INÍCIO DA 2ªSEMANA) (VALORES EM €)

ATIVOS		CAPITAL PRÓPRIO E PASSIVO	
ATIVO NÃO CORRENTE		CAPITAL PRÓPRIO	
Bicicleta	120	Capital subscrito	140
Cofre	20	Resultados transitados	48
ATIVO CORRENTE		PASSIVO	
Conta a receber	15	PASSIVO CORRENTE	
Caixa e equivalentes	33	Financiamento obtido	0
Total	**188**	**Total**	**188**

> **BALANÇO INICIAL**
> Balanço no início do período contabilístico, o resultado líquido do período é zero e o resultado do período anterior é agora designado de resultado transitado.

E como se registam os valores do balanço inicial nas contas do Razão, respeitando o método digráfico? É muito fácil, basta que para cada conta do balanço inicial se registe o seu valor no Razão com a designação de saldo inicial (Si).

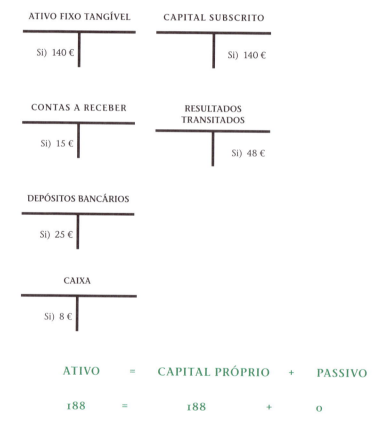

REGISTO DAS TRANSAÇÕES NO RAZÃO

Vamos registar as suas transações no Razão usando as regras de movimentação de contas. Vamos também analisar o impacto das transações na equação fundamental da contabilidade[5], de modo que esta igualdade se verifique sempre.

1.ª TRANSAÇÃO
Recibos de prestações de serviços, pagos em dinheiro, no valor de 150€

Quais as contas que vai movimentar?

Uma é certamente a sua conta DEPÓSITOS À ORDEM ou CAIXA, o seu ativo vai aumentar, por isso a conta Caixa ou Depósitos à Ordem debita-se. Dado que a empresa já tem uma conta Depósitos à Ordem deve privilegiar-se a sua utilização em detrimento da conta Caixa, pois aumenta a segurança dos valores monetários e permite sempre confirmar, através de uma entidade externa, todos os movimentos realizados pela entidade, em dinheiro.

E a outra conta a movimentar, qual é? Lembra-se da equação fundamental da contabilidade. Se aumentou o ativo (debitou) no outro lado algo tem que aumentar. **Será o passivo? As suas obrigações aumentaram?** Não! O que aumentou foram os seus rendimentos que, depois de deduzidos dos gastos, aumentarão o seu resultado líquido do período incluído no seu capital próprio.

O ativo aumenta e o seu capital próprio também através dos seus rendimentos.

$$\uparrow A = \uparrow CP + P$$

---

[5] Nas operações seguintes, dado o nível introdutório da obra, ignoramos o reconhecimento do crédito sobre os clientes, bem como das dívidas aos fornecedores. Limitando-nos a reconhecer os efeitos monetários da generalidade dessas operações, quando o recebimento e o pagamento ocorrem no mesmo momento do tempo.

Então, qual a conta de rendimentos que vai movimentar, fazendo assim aumentar o capital próprio? **Será a de vendas? Ou a de prestação de serviços?**
A de Prestação de Serviços, pois não vendeu qualquer produto. Prestou um serviço.

E a débito ou a crédito?
Se debitou a conta Depósitos à Ordem, a conta prestação de serviços (rendimentos) tem que ser creditada para se verificar o método digráfico e a regra de movimentação das contas. Seria, também, a crédito se utilizou a lógica da movimentação das contas de rendimentos. Assim se estes aumentaram, a conta de rendimentos respetiva (a prestação de serviços) deve ser creditada.

Vamos registar no Razão:

O débito está igual ao crédito? Sim! Debitámos a conta Depósitos à Ordem em 150€ e creditámos a conta Prestação de Serviços também em 150€. Está certo! Vamos registar a transação seguinte.

2.ª TRANSAÇÃO
Recibos de prestações de serviços pagos em cheque 50€

Quais as contas que vai movimentar?
Onde colocou os cheques quando os recebeu dos seus clientes? Foi, mais uma vez, depositá-los no banco, tal como fez quando recebeu dos seus clientes anteriores em dinheiro.
Então, um cheque recebido de um cliente aumenta a sua conta Depósitos à Ordem, fazendo aumentar o seu ativo.

Assim os depósitos à ordem aumentam em 50€, e a outra conta qual é? É Prestações de Serviços! É igual à transação anterior e, tal como na operação anterior, credita-se.

Vamos registar no Razão:

O débito está igual ao crédito? Sim!

Esta operação podia ter sido feita em simultâneo com a 1.ª transação, pois depositar notas ou cheques tem um efeito equivalente na conta Depósitos à Ordem e na conta Prestação de serviços. Claro que há muitos contabilistas que optam por movimentar a conta Caixa nestas duas transações. Todavia, em nossa opinião, por questões de segurança e controlo, conforme referimos anteriormente, entendemos que a conta a movimentar deve ser sempre a conta Depósitos à Ordem.

3.ª TRANSAÇÃO
Corte da relva ao médico por pagar, pois ainda não chegou de férias, no valor de 60€

Quais as contas?
Cortou a relva ao médico, mas ele ainda não lhe pagou essa prestação de serviço. **Regista esta prestação de serviços agora ou apenas quando receber o pagamento?** E faz o registo igual aos dois anteriores apenas quando lhe pagarem? NÃO! Basta lembrar o pressuposto ou o regime do acréscimo, que já tivemos oportunidade de referir anteriormente.

> Em contabilidade os rendimentos devem ser registados no período que em que são obtidos, independentemente do seu recebimento, e os gastos devem ser registados no período em que são suportados/incorridos, independentemente

> do seu pagamento. Chama-se a este regime, REGIME DO ACRÉSCIMO. Todas as demonstrações financeiras devem ser preparadas de acordo com este regime, pois assim proporcionam informação mais útil aos utentes na tomada de decisões económicas.

O serviço já foi prestado, portanto deve ser registado de imediato na conta prestação de serviços. A conta prestação de serviços está na Demonstração dos Resultados do lado direito, portanto, credita-se!

E a outra conta a movimentar qual vai ser? Não se esqueça da equação fundamental de contabilidade!

A conta rendimentos faz aumentar o quê no balanço? Os resultados do período incluídos no capital próprio. Então, se o capital próprio aumenta, ou o passivo diminui ou o ativo aumenta, para se verificar a equação fundamental da contabilidade.

As suas obrigações diminuíram? Não! Pois prestou um serviço, não se verificou qualquer redução das suas obrigações, mas também não assumiu qualquer obrigação.

Prestou um serviço a um cliente, ainda que não tenha recebido, logo gerou um rendimento e nasceu-lhe o direito de receber do Dr. Manuel esse valor.

A conta onde vamos reconhecer o valor a receber dos serviços prestados a crédito chama-se: Conta de CLIENTES.

Mas debita ou credita? Se creditou a conta prestações de serviços, esta tem que ser debitada.

O seu ativo aumentou (debita-se) e o seu capital próprio também, via aumento dos seus rendimentos (creditou).

$$\uparrow A = \uparrow CP + P$$

Vamos registar no Razão:

O débito está igual ao crédito? Sim! Podemos continuar.

4.ª TRANSAÇÃO
Pagamento da remuneração ao seu primo, através de cheque, no montante de 30€

Pagou ao seu primo porquê? Ora essa! Pagou-lhe porque ele trabalha consigo, já que é trabalhador da Sociedade *Toninho CORTA-RELVAS, Lda.*

Ora, então a sua conta Depósitos à Ordem diminuiu, certo? Sim! Uma das contas a movimentar é a conta Depósito à Ordem. De que lado? Na 1.ª transação a conta Depósitos à Ordem aumentou e foi debitada, **certo?** Então se quando a conta Depósitos à Ordem aumenta se debita, quando diminui **credita-se**. Ena! Está um *expert* em contabilidade!

E qual é a outra conta a movimentar?
Mais uma vez não se esqueça da equação fundamental da contabilidade. Se Depósitos à Ordem diminuiu tem que diminuir o capital próprio ou o passivo. O pagamento que fez ao seu primo vai diminuir o seu capital próprio, diminuindo os seus resultados.

$$\downarrow A = \downarrow CP + P$$

Quais as contas que diminuem os resultados? Os gastos!
A conta de gastos onde vamos reconhecer as remunerações do seu primo, enquanto trabalhador da sua empresa, chama-se Gastos com Pessoal.
Mas debita ou credita?
Se creditamos a conta Depósitos à Ordem, a conta gastos com pessoal tem que ser DEBITADA, até porque as contas de gastos normalmente só se debitam!

Qual o lado da conta gastos na Demonstração dos Resultados? O lado do débito. Portanto, os gastos quando aumentam debitam-se.

Vamos então fazer o registo desta operação[6]:

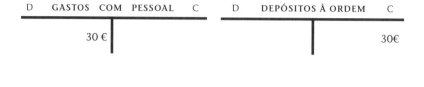

6.ª TRANSAÇÃO
Contrato de seguro de acidentes de trabalho

Pagou o seguro como? Não pagou, a Sra. D. Graça concedeu-lhe um crédito por um determinado período de tempo.

Ora, então o seu passivo aumentou, certo? Sim! Uma das contas a movimentar é a conta Outras contas a pagar. **De que lado?** O passivo está no balanço do lado do crédito, por isso se o passivo aumenta deve-se creditar.

Vimos acima que o valor do prémio a pagar se vai repartir por dois períodos contabilísticos: o atual e o próximo período contabilístico. Assim sendo, **qual(is) a(s) conta(s) que vai movimentar?** É uma conta de Gastos (no caso concreto Gastos com o pessoal, pois trata-se de um seguro de acidentes de trabalho) pela parte do prémio referente à cobertura do risco do período contabilístico atual e uma outra conta denominada GASTOS A RECONHECER, pelos gastos a reconhecer no período contabilístico seguinte, relativo à parte do prémio do seguro que visa cobrir os riscos relativos ao período seguinte. Mas, em ambos os casos, essas contas aumentam e, por isso, debitam-se.

---

[6] Dado o nível introdutório da obra ignoramos o processamento das remunerações.

Então, vamos fazer o registo:

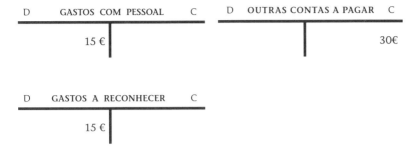

7.ª TRANSAÇÃO
Fatura-recibo referente à aquisição do aparador de relva, no valor de 120€

Quais as contas a movimentar?
Comprou um aparador de relva e pagou de imediato esse investimento, sacando um cheque sobre a sua conta Depósitos à Ordem. Logo a conta Depósitos à Ordem vai diminuir e, como é uma conta do ativo que diminui, credita-se.

E qual a outra conta a movimentar?
O aparador é um gasto do período ou um investimento? É um investimento, pois com ele espera obter, neste período e nos próximos períodos, benefícios económicos. É, por isso, um ativo!

Então e é ativo corrente ou não corrente? É um ativo não corrente e, como a bicicleta e o cofre, é Ativo Fixo Tangível.

Debita ou credita? Se a regra diz que quando os ativos aumentam se debitam, a conta Ativo Fixo Tangível vai ser debitada.

Então, vamos fazer o respetivo registo:

D	ATIVO FIXO TANGÍVEL	C		D	DEPÓSITOS À ORDEM	C
	120 €					120€

8.ª TRANSAÇÃO
Financiamento obtido do seu pai, no valor de 30€

Quais as contas a movimentar? Onde colocou o dinheiro que o seu pai lhe emprestou? No cofre? Não. Na conta Depósitos à Ordem da sua empresa. Então a conta Depósitos à Ordem vai aumentar e, por isso, debita-se.

E qual a outra conta a movimentar? Aumenta o seu capital próprio ou aumenta o passivo? Aumenta o passivo, logo aumenta as suas obrigações, o que corresponde a um aumento dos capitais alheios.

Qual a conta do passivo onde coloca o valor do empréstimo obtido do seu pai? É uma conta designada de: **Financiamentos Obtidos**.

Vamos então fazer o registo desta operação:

9.ª TRANSAÇÃO
Amortização do financiamento obtido do seu pai, no valor de 10€.

Quais as contas a movimentar? Amortização do financiamento significa pagar uma parte da dívida/obrigação que tem com um seu credor. Pagou ao seu pai com cheque, então sai dinheiro da sua conta **Depósitos à Ordem**. A sua conta Depósitos à Ordem diminui, por isso, credita-se.

E qual a outra conta? A obrigação de pagar foi registada na conta financiamentos obtidos a crédito, agora temos que anular a parte da obrigação que amortizou, logo temos que movimentar a conta de forma contrária, temos que **debitar!**

Está mesmo com raciocínio de contabilista!

Vamos então fazer o registo desta operação:

Reparou o que se passou da 4ª para a 6ª transação? Sim, a encomenda do *site* referida na 5ª operação não foi registada!

A encomenda do *site* não envolve qualquer troca com valor económico, por isso não é uma transação a reconhecer nas contas de uma entidade. É um mero acontecimento, que pode vir a gerar obrigações e a reconhecer ativos. Nos negócios realizam-se muitas operações que não são transações, como por exemplo a assinatura de um contrato de trabalho, de um contrato de prestação de serviços, a encomenda a um fornecedor ou a encomenda de um cliente. Todos estes acontecimentos não envolvem trocas de valor económico, por isso, não se registam nas contas da empresa. Efetivamente só são reconhecidas após a transação se ter concretizado.

Aprendeu as regras necessárias para a movimentação de contas, quer no Diário quer no Razão, para respeitar o método digráfico.

> **RECAPITULANDO:**
> • Todos os registos contabilísticos movimentam, no mínimo, duas contas, uma a débito (lado esquerdo da conta) e outra a crédito (lado direito da conta).
> • Em todos os registos contabilísticos o total dos débitos tem que ser igual ao total dos créditos.
> • Quando as contas do ativo aumentam debitam-se, quando diminuem creditam-se.
> • Quando as contas do passivo aumentam creditam-se e, quando diminuem debitam-se.
> • Quando se obtém rendimentos creditam-se as contas de rendimentos.
> • Quando se incorre em gastos debitam-se as contas de gastos.

Se aprendeu a movimentar as contas no Razão também o sabe fazer no Diário.

REGISTO DAS TRANSAÇÕES NO DIÁRIO

O diário utiliza as mesmas regras do Razão, apenas difere na disposição. Enquanto que no Razão a disposição é em T, no Diário as operações são registadas em linhas e por ordem cronológica. No Diário também o registo de cada operação deve ser acompanhado de uma descrição sucinta.

O registo das operações anteriores no diário seria:

DATA		TÍTULOS DAS CONTAS E DESCRIÇÃO DA TRANSAÇÃO	DÉBITO	CRÉDITO
		DIÁRIO		
2ª SEMA-NA	1º DIA	Caixa / Depósitos à Ordem		
		a Prestações de Serviços		150
		Prestações de Serviços pagos com dinheiro		
	2º DIA	Depósitos à Ordem		
		a Prestações de Serviços		50
		Prestações de Serviços pagos com cheque		
	3º DIA	Clientes		
		a Prestações de Serviços		
		Prestações de Serviços a crédito		60

E assim seriam registadas no diário todas as operações que realizou, sempre por ordem de data.

Mas como chegar dos lançamentos no Diário e no Razão às Demonstrações Financeiras para entregar no banco? É necessário elaborar o Razão Geral.

O RAZÃO GERAL

Com um programa informático de contabilidade o preparador das Demonstrações Financeiras (o CC) apenas insere no programa, relativamente a cada operação, a data, as contas que se devem movimentar, se as movimenta a débito ou a crédito e os valores pelos quais são movimentadas, sendo depois o Razão Geral feito automaticamente. Mas como estamos a aprender, é preciso perceber quais os procedimentos que o programa faz automaticamente, de forma a corrigir eventuais erros que possam existir. Vai aprender a fazer o razão manualmente, para depois conseguir interpretar corretamente o razão feito pelo computador.

Para fazer o Razão Geral é só copiar e juntar todos os registos anteriores num único – O RAZÃO GERAL.

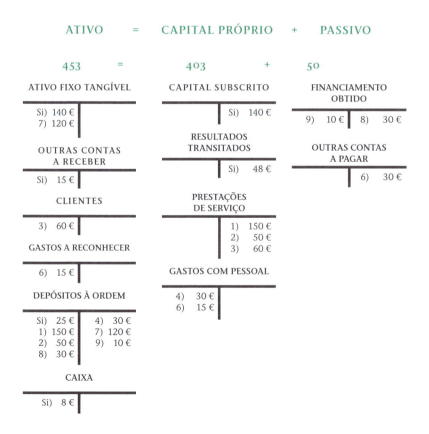

Após este trabalho de cópia elabora-se outro mapa – o Balancete, um mapa que resume os débitos e créditos acumulados até ao período a que o balancete se refere, bem como o saldo de todas as contas movimentadas até ao período.

BALANCETE DE TONINHO CORTA-RELVAS, LDA.
(VALORES EM €)

CONTAS	DÉBITO	CRÉDITO	SALDO	
			DEVEDOR	CREDOR
Caixa	8		8	
Depósitos à Ordem	255	160	95	
Clientes	60		60	
Outras contas a receber	15		15	
Gastos a reconhecer	15		15	
Financiamento Obtido	10	30		20
Outras contas a pagar		30		30
Ativo fixo tangível	260		260	
Capital subscrito		140		140
Resultados transitados		48		48
Prestações de Serviços		260		260
Custos com o pessoal	45		45	
Total	**668**	**668**	**498**	**498**

A este balancete chama-se **Balancete de verificação**, pois serve para verificar se os registos no Diário foram corretamente passados para o Razão. No balancete o total do débito tem de ser sempre igual ao total do crédito.

Em cada uma das contas os totais a débito e a crédito refletem os valores acumulados nas contas.

O saldo devedor de 8€ em Caixa significa que tem 8€ no cofre.

O saldo credor de 20€ na conta de financiamentos obtidos significa que a empresa tem uma obrigação para com o seu mutuante/financiador no valor de 20€.

Acha que já consegue fazer as Demonstrações Financeiras? Claro! Já tem o saldo de todas as contas do Balanço e da Demonstração dos

Resultados. E a Demonstração dos Fluxos de Caixa está espelhada na conta Caixa e Depósitos à Ordem.

Então elabore as demonstrações, mas não se esqueça de que antes da construção do balanço e da demonstração dos resultados deve verificar quais as contas a agregar. As contas Caixa e depósitos à ordem devem ser associadas, pois quer o Balanço, quer a Demonstração dos Resultados, como já foi referido anteriormente, são constituídas por rubricas que podem agregar várias contas.

Como quer fazer boa figura no banco, vai fazer um Balanço como mandam as boas regras de contabilidade.

BALANÇO DE TONINHO CORTA-RELVAS, LDA.
EM 15/07/N (INÍCIO DA 3ªSEMANA) (VALORES EM €)

ATIVO		CAPITAL PRÓPRIO E PASSIVO	
ATIVO NÃO CORRENTE		CAPITAL PRÓPRIO	
Ativos fixos tangíveis	260	Capital subscrito	140
ATIVO CORRENTE		Resultados transitados	48
Clientes	60	Resultados do Período	215
Outras contas a receber	15	**Total do Capital Própio**	**403**
Gastos a reconhecer	15	PASSIVO	
Caixa e depósitos bancários	103	PASSIVO CORRENTE	
		Financiamento obtido	20
		Outras contas a pagar	30
		Total do Passivo	**50**
Total	**453**	**Total**	**453**

DEMONSTRAÇÃO DOS RESULTADOS DE TONINHO CORTA-RELVAS, LDA.
DE 07/07/N A 15/07/N (VALORES EM €)

GASTOS		RENDIMENTOS	
Gastos com pessoal	45	Vendas e Serviços prestados	260
Resultados do período	215		
Total	**260**	**Total**	**260**

Falta apenas construir a Demonstração dos Fluxos de Caixa.

DEMONSTRAÇÃO DOS FLUXOS DE CAIXA
DE TONINHO CORTA-RELVAS, LDA.
DE 07/07/N A 15/07/N (2ª SEMANA) (VALORES EM €)

ENTRADAS		SAÍDAS	
Recebimentos de clientes	200	Pagamento de Salários	30
Financiamento Obtido	30	Pagamento a credores	10
		Compra de máquinas	120
Saldo inicial de Caixa e equivalentes	33	Saldo final de Caixa e equivalentes	103
Total	**263**	**Total**	**263**

Finalmente tem as Demonstrações Financeiras prontas para entregar no banco. O Sr. Domingues vai com toda a certeza conceder-lhe o financiamento. A sua empresa apresenta um rendimento de 260€ e apenas 45€ de gastos, o que significa que a sua atividade é bastante lucrativa, pois obteve um resultado positivo no período de 215€.

6

AJUSTAMENTOS

No capítulo anterior aprendemos a chegar do Balanço inicial ao final de forma rápida sem fazer balanços sucessivos após cada transação. Aprendemos a registar a dinâmica empresarial no Razão e no Diário para obtermos o Balanço final, a Demonstração dos Resultados e a Demonstração dos Fluxos de Caixa.

Estarão agora as Demonstrações Financeiras prontas para entregar no banco?

No dia seguinte logo de manhã pega na sua bicicleta e pedala até ao banco.

*Dirige-se, contente, em direção ao Sr. Domingues, que lhe pergunta: **"Então, a sua empresa está a andar? E as Demonstrações Financeiras estão feitas?"***

Com grande satisfação responde-lhe: "Foi difícil, mas consegui!"

*O bancário convida-o a sentar-se para que lhe mostre as Demonstrações Financeiras. Analisa-as detalhadamente e comenta: **"A lucratividade do seu negócio é excelente, mas não faltarão aqui alguns gastos?"***

"Não, Sr. Domingues. Registei todos os gastos!" responde.

***"Mas repare uma coisa!"** acrescenta o bancário **"Estou a ver que no Balanço tem ativos fixos tangíveis!".** "Sim, tenho uma bicicleta, um aparador de relva e um cofre!"*

***"Então qual a base de mensuração que usou para os reconhecer no balanço?"** pergunta o bancário.*

*Fica embaraçado, pois já não se lembra bem do que significa mensurar e reconhecer. O Sr. Domingues nota e reformula a questão: **"Sim, qual o valor que usou para fazer o registo dos seus ativos fixos tangíveis no Balanço?"***

E logo responde:

"Estão mensurados e reconhecidos nas Demonstrações Financeiras pelo valor pelos quais os comprei, ou seja, pelo valor de aquisição!"

***"Mas não os usou no seu negócio?"** pergunta o bancário.*

"Claro que usei!" Responde de imediato.

Mas o Sr. Domingues continua com o interrogatório:

"O uso destes recursos permitiu que obtivesse benefícios económicos neste período, certo? Ao usá-los eles ficam com menos valor. Esta redução de valor é um gasto e deve ser reconhecido na Demonstração dos Resultados, pois está relacionada com os rendimentos que obteve neste período! Estes elementos não vão aparecer reconhecidos eternamente pelo preço de aquisição nas suas Demonstrações Financeiras. Tem que reconhecer, quer no Balanço quer na Demonstração dos Resultados, o desgaste sofrido pelos seus ativos fixos tangíveis. As suas Demonstrações Financeiras estão quase completas, falta-lhe apenas fazer os ajustamentos necessários no fim de cada ciclo operacional ou no fim de cada período!" conclui o Sr. Domingues.

A sua cabeça está a dar voltas e reviravoltas, mas o Sr. Domingues tem razão em tudo o que disse, é necessário fazer ajustamentos no fim de período.

AJUSTAMENTOS DE FIM DE PERÍODO

Depois de registar as transações que realizou com pessoas exteriores à sua empresa, clientes, empregado, Sr. Martinho e com o seu pai, faltam ainda registar algumas transações que, por não envolverem pessoas exteriores se designam, por isso, de operações internas. As **transações internas** também representam alterações nas contas da empresa, que afetam a equação fundamental da contabilidade. O registo destas transações são os **ajustamentos** de que o Sr. Domingues lhe falou e que vão ser abordados neste capítulo.

Então, quais os ajustamentos que temos que registar?
O Sr. Domingues referiu que lhe faltava registar a perda de valor sofrida nos seus ativos fixos tangíveis.

> **Relembre o seguinte:**
> Quando comprou esses ativos, o seu resultado não diminuiu, pois não registou qualquer gasto, apesar de ter saído dinheiro da Caixa. O recurso "Caixa e equivalentes de Caixa" diminuiu e os recursos fixos tangíveis aumentaram. O valor do seu ativo manteve-se, aumentou e diminuiu no mesmo montante. O passivo e o capital próprio não sofreram qualquer variação.

Porque é que os resultados não foram afetados, quando estes recursos lhe permitem obter benefícios económicos futuros durante vários períodos? Os resultados não variaram porque não suportou qualquer gasto quando efetuou a compra desses bens, pois realizou um investimento. E os investimentos não são gastos de um só período, pois permitem obter rendimentos ao longo de vários períodos, na medida em que o investimento tem condições para vir a ser utilizado para a geração dos benefícios económicos futuros.

Os investimentos, porque permitem obter rendimentos em vários períodos, devem ser considerados gastos dos vários períodos – regra do balanceamento – entre rendimentos de um período e os gastos incorridos para os obter.

DEPRECIAÇÕES

Os investimentos em ativos fixos tangíveis ao serem usados vão perdendo o seu valor, vão-se gastando, não duram eternamente! Diz-se em contabilidade que se vão **depreciando**.

A generalidade dos ativos não correntes perde o seu valor pela utilização sucessiva (uso) ao longo do tempo e, também, por outros fatores. O simples passar do tempo pode fazer com que os bens percam parte do seu valor. Um aparador de relva com 10 anos, mesmo que não tenha sido usado, vale certamente menos do que um adquirido hoje. A inovação tecnológica também pode fazer com que o valor dos bens diminua e se tornem obsoletos.

Comprou um aparador de relva moderno e atual, mas imagine que amanhã surgia no mercado um com muito mais funcionalidades do que aquele que acabou de adquirir. O seu aparador ficaria desatualizado e se o quisesse vender teria que diminuir o seu preço para conseguir um comprador interessado.

> **DEPRECIAÇÃO/AMORTIZAÇÃO:**
> Perda de valor dos ativos fixos tangíveis (depreciação) ou intangíveis (amortização), devido a vários fatores como o uso, a passagem do tempo, a obsolescência tecnológica, entre outros.

Tendo em conta todos estes fatores é necessário prever quanto tempo vai o recurso ter condições para vir a gerar, de modo eficiente, benefícios económicos futuros e registar nas Demonstrações Financeiras o seu desgaste, seja pelo seu uso ou não, ao longo do tempo de vida útil estimada para o ativo.

Como podemos saber durante quanto tempo vai a empresa obter benefícios económicos de um recurso? Como determinar a vida útil desse recurso?
Nas normas contabilísticas não existe uma orientação capaz de ajudar a definir a vida útil de cada um dos ativos fixos tangíveis ou intangíveis que a entidade detém. Para a contabilidade, este tempo é determinado tendo em conta todos os fatores referidos anteriormente. O preparador

das demonstrações financeiras estima essa vida útil em função de fatores económicos, e de tal modo que a informação contabilística transmita a imagem verdadeira e apropriada do valor desses ativos. Normalmente o preparador pode socorrer-se de opiniões técnicas de engenheiros ou outros especialistas em função do tipo de ativos em questão.

As normas fiscais contêm tabelas genéricas e específicas que definem, para os diferentes recursos, períodos de vida útil para efeitos fiscais. Todavia, o preparador da informação financeira não tem, e não deve, seguir as orientações do legislador fiscal. Deve guiar-se por razões económicas e não por orientações de natureza fiscal.

Então o que é a vida útil de um recurso classificado como AFT ou AI?

> VIDA ÚTIL
> É o período de tempo durante o qual se espera que o recurso permita à empresa obter benefícios económicos.

Qual a vida útil dos seus ativos fixos tangíveis? Como determinar a vida útil para cada um deles?
É relativamente fácil! Basta encontrar resposta para a seguinte questão: **durante quantos períodos prevê que estes lhe permitem obter benefícios económicos?**

Durante quantos períodos prevê usar o cofre, de maneira eficiente, para guardar o dinheiro?

Já tem uma conta no banco onde pode guardar o dinheiro da sua empresa. Pode considerar o valor que pagou pelo cofre, **como gasto deste período em que está a fechar as contas? Já não voltará a usar o cofre?** Sim, continuará a usar o cofre, ainda que a generalidade dos seus recebimentos seja depositada na sua conta de Depósitos à Ordem, como mandam as boas regras de controlo interno. Todavia, gosta sempre de ter um montante mínimo de dinheiro em Caixa, para fazer face a pequenos pagamentos que tenha que efetuar. Por isso, vai continuar a usar o cofre, e como espera que a sua empresa tenha uma longa vida pela frente, vamos estimar que o cofre poderá continuar a ser utilizado eficientemente durante 10 períodos contabilísticos.

Vamos então considerar para o cofre uma vida útil de 10 períodos contabilísticos.

E a bicicleta? Durante quantos períodos prevê usar a bicicleta na sua atividade?

Não pode considerar apenas um período de vida útil para a bicicleta. Conhece bem as bicicletas e sabe que ela lhe vai permitir que se desloque para realizar serviços e obter benefícios económicos pelo menos por quatro períodos contabilísticos. Sabe, por experiência passada, que vai deslocar-se na bicicleta de forma eficiente durante esses quatro períodos, o que significa que a sua vida útil é de quatro períodos.

O que significa uma vida útil de quatro períodos?

Significa que esse ativo deve ser depreciado durante quatro períodos contabilísticos.

— "O quê?! Depreciado?"

> **DEPRECIAR**
> É o processo de registar/reconhecer como gasto a perda de valor sofrida por um ativo fixo durante o seu período de vida útil.

Se este registo ou reconhecimento se referir à diminuição de valor de um ativo fixo tangível diz-se depreciação. Se se referir à diminuição de valor de um ativo intangível, como por exemplo programas de computador, *sites*, patentes ou outro intangível (que não se pode tocar), diz-se amortização.

Na sua empresa não existem ativos intangíveis, portanto apenas vai registar a depreciação dos ativos fixos tangíveis.

Este registo de depreciação é feito durante quanto tempo? Durante toda a vida útil do bem!

Podemos então completar a definição de depreciação/amortização:

> **DEPRECIAR** ou **AMORTIZAR**
> É o processo de reconhecer como gasto a diminuição sistemática de valor sofrida por um ativo fixo tangível ou intangível ao longo da sua vida útil.

A depreciação da sua bicicleta deve ser reconhecida ao longo de quatro períodos contabilísticos, se espera que ela lhe permita obter rendimentos durante quatro períodos. O cofre vai ser utilizado durante 10 períodos, pois prevê utilizá-lo durante esse período.

E o aparador de relva? Durante quantos períodos prevê usá-lo na sua atividade, para obter rendimentos?

Quando comprou esta máquina perguntou ao perito que lha vendeu quantos períodos duraria a máquina. Ele respondeu que se aparasse 600 m^2 de relva por período contabilístico o aparador duraria mais ou menos 10 períodos. Mas na semana passada aparou pelo menos 1000 m^2. Se trabalhar sempre assim a máquina ao fim de seis períodos já não lhe permitirá aparar a relva eficientemente. Assim, **qual a vida útil a considerar para o seu aparador de relva?** Cinco períodos, claro!

Já sabemos a vida útil para todos os seus ativos fixos:

ATIVO	VIDA
Cofre	10
Bicicleta	4
Aparador	6

Falta, agora, determinar qual o valor da depreciação a registar em cada período, ou seja, determinar a quota de depreciação por período.

DETERMINAÇÃO DAS QUOTAS DE DEPRECIAÇÃO

O que é a quota de depreciação? É o valor de depreciação sofrido pelo ativo fixo num determinado período contabilístico.

E como se determina esse valor, ou seja, como se determina **a quota de depreciação?**
A determinação do valor a depreciar pode ser feita usando vários métodos. O método mais simples é o da linha reta.

> **MÉTODO DA LINHA RETA**
> Este método pressupõe que o ativo proporciona os mesmos rendimentos ao longo de toda a sua vida útil, por isso o gasto a reconhecer deve ser sempre igual ao longo desse período.

De acordo com este método e partindo do princípio que o valor atribuído aos seus bens no fim da vida útil é zero, a quota de depreciação para cada um dos períodos será o seu valor de aquisição a dividir pelo número de anos de vida útil, ou seja:

ATIVO	VALOR DE AQUISIÇÃO	VIDA ÚTIL	QUOTA DE DEPRECIAÇÃO
Cofre	20€	10	20/10 = 2€
Bicicleta	120€	4	120/4 = 30€
Aparador	120€	6	120/6 = 20€

Achou fácil o cálculo da quota de depreciação? Sim. Pois é, utilizando este método o cálculo da quota de depreciação é muito fácil.

Mas este método apresenta uma desvantagem: como as quotas são constantes, os últimos anos de vida útil do ativo podem ser sobrecarregados com gastos, pois as despesas de conservação e reparação dos ativos em fim de vida são maiores, assim sendo os gastos da utilização das máquinas são maiores nos últimos anos de vida do que nos primeiros, já que, em termos normais, aos primeiros anos não se encontram associadas essas despesas de reparação. Há assim um balanceamento de gastos e rendimentos pouco adequado ao longo da vida útil do ativo.

Existem, no entanto, outros métodos que permitem fazer depreciações maiores nos primeiros anos de vida útil do bem e menores nos últimos, que aprenderá em manuais de contabilidade mais avançada.

Já sabemos como calcular a quota de depreciação, falta apenas ver como se faz este reconhecimento/registo na contabilidade! **Como vai afetar a equação fundamental da contabilidade?**

REGISTO
DAS DEPRECIAÇÕES

Já sabe que o valor escriturado dos seus ativos fixos vai diminuir e no outro membro do balanço, **o que diminui?**

As suas obrigações, ou passivo, são afetados? Não!

E o seu capital próprio? (Não se esqueça que os gastos diminuem o seu capital próprio através dos resultado líquidos do período). **É isso mesmo! O seu capital próprio vai diminuir porque vai registar como gastos as depreciações e estes diminuem os resultados que pertencem ao capital próprio.** Está mesmo a ficar *expert* em contabilidade!

Então quais as contas em que se registam estas diminuições? Numa conta de ativo e numa conta de gastos.

Muito bem! **A conta de gastos chama-se** gastos de depreciação **e a do ativo?** São os ativos fixos tangíveis que vão diminuir!

Podia ser, se a contabilidade usasse o método direto de depreciação.

> **MÉTODO DIRETO DE DEPRECIAÇÃO**
> De acordo com este método as depreciações são registadas a crédito na conta dos ativos fixos tangíveis diminuindo assim o seu valor.

Usando este método a empresa, ao longo dos períodos contabilísticos, perde informação importante relativamente ao bem. Perde informação sobre o valor de aquisição e sobre o total das depreciações já feitas.

Se a informação das depreciações se registar numa conta diferente, também do ativo, mas que tivesse íntima ligação com a conta dos ativos fixos tangíveis toda esta informação era mantida. A conta de ativos fixos tangíveis registava sempre o valor de aquisição e uma outra conta, denominada conta de contrapartida, registaria todas as depreciações feitas até à data. **E é mesmo isto que se faz no âmbito do SNC.**

As depreciações registam-se sempre a crédito, pois são diminuições de ativos, numa conta de contrapartida denominada de **depreciações acumuladas**.

Este método de registar as depreciações designa-se de **método indireto**.

> **MÉTODO INDIRETO DE DEPRECIAÇÃO**
> De acordo com este método as depreciações são registadas a crédito numa conta do ativo, denominada de depreciações acumuladas.

Mas, então, como registar este lançamento no razão usando o método indireto?

 RELEMBRE AS REGRAS DE MOVIMENTAÇÃO DE CONTAS:
As contas de gastos quando aumentam debitam-se e as contas do ativo quando diminuem creditam-se.

D	GASTOS DE DEPRECIAÇÃO	C	D	DEPRECIAÇÕES ACUMULADAS	C
	52 €				52 €

O saldo das contas do ativo, como se lembra, transitam de um período para o outro, enquanto as contas de gastos iniciam o período sem valor, pois no fim de cada um dos períodos contabilísticos são saldadas para apurar o resultado contabilístico do referido período.

Na conta do ativo – **depreciações acumuladas** – registam-se as depreciações do período, que vão transitar para o período seguinte. No período seguinte voltam a registar-se as depreciações do período que acumulam às do período anterior e que transitam para o período seguinte e, assim sucessivamente, até ao fim da vida útil do ativo. Nesta conta vão-se acumulando, ao longo dos vários períodos, os registos das depreciações feitas atendendo à vida útil definida para o ativo.

Na conta de gastos – **gastos de depreciação** – registam-se as depreciações do período, pelo mesmo valor que se registaram na conta de depreciações acumuladas, mas no fim do período é saldada para apurar o resultado líquido do período, não transitando qualquer gasto para o período seguinte.

Estarão todos os ajustamentos feitos?
Não, no fim do período existem inúmeros ajustamentos a fazer além das depreciações.

Por exemplo, é necessário verificar se foram registados neste período todos os gastos e rendimentos incorridos para gerar o resultado do período.

GASTOS
A RECONHECER

Lembra-se do seguro de acidentes de trabalho que fez para si e para outra pessoa que trabalha na sua empresa?
Fez o seguro por dois períodos contabilísticos, **lembra-se como foi registado na contabilidade?**

Sim! Foi registado metade como gasto do período no qual o seguro foi contratado, e a outra parte foi reconhecido numa conta de diferimentos – gastos a reconhecer, pois efetuou uma despesa que deve ser repartida pelos dois períodos contabilísticos para o qual foi contratado o seguro. Logo que registou essa obrigação repartiu adequadamente esse valor, considerando 50% do valor do prémio como gasto do período corrente e 50% como diferimentos, que correspondem a gastos a reconhecer em períodos futuros.

Essa despesa com o prémio do seguro vai permitir que trabalhe com segurança ao longo desses dois períodos, por isso, em cada um destes períodos uma parte deve ser considerada gasto, para respeitar o regime do acréscimo.

Lembra-se do regime do acréscimo?
De acordo com este regime em cada período devem-se registar os rendimentos correspondentes a esse período e os gastos incorridos para os obter. O seguro vai protegê-lo a si e ao seu primo em dois períodos contabilísticos, pelo que a despesa realizada deve ser considerado gasto ao longo desses dois períodos.

Já não é necessário fazer um ajustamento, dado que na altura em que houve a contratação do seguro, imediatamente se realizou a periodização dos gastos.

Se, eventualmente, não se tivesse feito logo esse ajustamento, teria registado a totalidade do prémio como gasto ou como diferimento – gastos a reconhecer, e neste momento teria que fazer o devido ajustamento. **Quais as contas envolvidas e qual o valor a reconhecer nas mesmas?**

O valor é muito fácil de determinar, basta dividir os 30€, pelos quais contratou o seguro com a Sra. D. Graça pelos dois períodos, correspondendo a um gasto do ano da contratação o valor de 15€, tal como vimos antes.

As contas envolvidas nesta última hipótese são aquelas em que registou a despesa do prémio – **gastos a reconhecer** – e uma de **gastos com pessoal**, pois o seguro de acidentes de trabalho é um gasto com os trabalhadores da empresa.

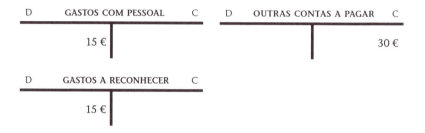

No final do 2.º período deverá ser feito o seguinte registo, permitindo imputar os gastos ao período em que efetivamente eles ocorrem:

Antes de fazer um novo balancete converse com o seu pai, que percebe alguma coisa de negócios e que está a frequentar um curso de Contabilidade, e pergunte-lhe se lhe faltará mais alguma coisa para que as suas DF traduzam a imagem verdadeira e apropriada da situação financeira da sua empresa.

Ele analisa as demonstrações que levou anteriormente ao banco e comenta de imediato: **"então a coluna com os valores do período anterior?"**

Ahhh! Pois é! *Todas as demonstrações financeiras, à exceção das apresentadas no período de início de atividade, devem conter os valores do período anterior para permitir que o destinatário compare os valores de um período com os do* *período anterior, identificando tendências na posição financeira e no desempenho da empresa e assim tomar decisões económicas mais fundamentadas. O requisito da comparabilidade é pois indispensável para que as DF se assumam como úteis para a tomada de decisões dos seus utentes.*

*Analisa também os ajustamentos que já registou e pergunta-lhe: **"Fizeste algum teste de imparidade aos teus ativos?"***

— "Testes de quê?"— Pergunta-lhe admiradíssimo! — "Im.....o quê?!!"

*"Testes de imparidade!" Refere o seu estudioso pai, e acrescenta: "**Tens que verificar se os valores escriturados dos teus ativos estão a par com o seu valor recuperável. Qual o valor contabilístico da tua bicicleta?"**
Vale apenas 90€, considerando a depreciação. Mas será esse o valor que ela vale se a vender agora ou se a utilizar para desenvolver a sua atividade?*

*Mal o seu pai lhe faz esta pergunta lembra-se da conversa que já tinha tido com o seu primo. Ele referiu-lhe que tinha saído um novo modelo da sua BTT, mais rápido, com rodas mais potentes e mudanças automáticas e que não lhe pagaria mais do que 70€ pela sua bicicleta se lhe a quisesse vender.
Ela na sua contabilidade está registada por 90€, e se a vender agora vai ter uma perda!
Então é por isso que é necessário fazer o registo dessa perda por imparidade. A sua bicicleta não deve aparecer no balanço da sua empresa por 90€, mas pelo valor que poderia ser agora alienada no mercado.*

Será que hoje a bicicleta só vale aquilo que o meu primo disse?
Vai ao stand que lhe vendeu a bicicleta e que também compra bicicletas usadas e pergunta ao Sr. António qual o valor que lhe dava pela sua, se a vendesse agora. Ele consulta um livro com o preço das BTT usadas e diz-lhe o mesmo valor que o seu primo lhe havia dito.

Está tramado! A sua bicicleta está com imparidade! Logo, é mesmo necessário reconhecer uma perda por imparidade nas suas Demonstrações Financeiras.

PERDAS POR IMPARIDADE

Então, quando é que um ativo está em imparidade?

> **IMPARIDADE**
> Considera-se que um ativo se encontra em imparidade sempre que o valor escriturado/registado na contabilidade não corresponda ao seu valor recuperável, advindo daí uma perda para a empresa.

É mesmo necessário registar a perda por imparidade e fazer mais este ajustamento? Sim. **E então quais as contas envolvidas neste ajustamento e qual o valor a reconhecer como perda por imparidade neste período contabilístico?**
O valor é a diferença entre o valor da bicicleta escriturada na contabilidade (90€) e o seu valor de mercado (70€), ou seja 20€.

As contas envolvidas são uma conta de ativo e uma conta de gastos, tal como aconteceu com as depreciações anteriormente reconhecidas. A conta do ativo, tal como as depreciações acumuladas, é uma conta de contrapartida, e chama-se perdas por imparidade acumuladas. Esta conta credita-se permitindo corrigir o valor da conta do ativo e a conta de gastos chama-se perdas por imparidade e debita-se.

Vamos então fazer o registo:

Está quase todo o trabalho de ajustamentos feito, mas ainda falta um pouco...!

RECONHECIMENTO DAS DEPRECIAÇÕES ACUMULADAS E DAS PERDAS POR IMPARIDADES ACUMULADAS NO BALANÇO

As contas de gastos de depreciação e de perdas por imparidade vão ser reconhecidas na sua Demonstração dos Resultados, **e as contas depreciações acumuladas e perdas por imparidade acumuladas como são reconhecidas no Balanço?**

Para estas contas serem reconhecidas no balanço devem ser subtraídas ao valor dos ativos fixos tangíveis.

No balanço apenas aparece escriturado o valor dos ativos fixos tangíveis líquido de depreciações acumuladas e de perdas por imparidade acumuladas, ou seja, o valor escriturado nesses ativos é líquido de depreciações e perdas por imparidade (ambas acumuladas).

		VALOR		VALOR		VALOR
ATIVOS		DA CONTA		VALOR		DA CONTA
FIXOS TANGÍVEIS	=	DE ATIVOS	−	DA CONTA DE	−	DE PERDAS POR
(CONTA DO BALANÇO)		FIXOS		DEPRECIAÇÕES		IMPARIDADES
		TANGÍVEIS		ACUMULADAS		ACUMULADAS

Todos estes registos devem ser acrescentados ao Diário, com a data de fim do período e registados no Razão Geral.

Após o registo no Razão Geral, rapidamente temos o balancete com os ajustamentos anteriores e pode elaborar as Demonstrações Financeiras, mas não se esqueça de colocar os valores do período anterior!

BALANCETE DE TONINHO CORTA-RELVAS, LDA.
EM 15/07/N (VALORES EM €)

CONTAS	DÉBITO	CRÉDITO	SALDO	
			DEVEDOR	CREDOR
Caixa	8		8	
Depósitos à Ordem	255	160	95	
Clientes	60		60	
Outras contas a receber	15		15	
Diferimentos - Gastos a reconhecer	15		15	
Financiamento obtido	10	30		20
Outras contas a pagar		30		30
Ativo fixo tangível	260		260	
Depreciações acumuladas		52		52
Imparidades acumuladas		20		20
Capital subscrito		140		140
Resultados transitados		48		48
Prestações de Serviços		260		260
Gastos com o pessoal	45		45	
Gastos de depreciação	52		52	
Perdas por imparidade	20		20	
Resultado líquido do período				
Total	**740**	**740**	**570**	**570**

DEMONSTRAÇÃO DOS RESULTADOS DE TONINHO CORTA-RELVAS, LDA.

DE 07/07/N A 15/07/N (VALORES EM €)

GASTOS	15/07	07/07	RENDIMENTOS	15/07	07/07
Fornecimentos e Serviços Externos		12			
Gastos com pessoal	45		Venda e Serviços prestados	260	60
Gastos de depreciação	70				
Perdas por imparidade	20				
Resultado líquido do período	143	48			
Total	**260**	**60**	**Total**	**260**	**60**

BALANÇO DE TONINHO CORTA-RELVAS, LDA.

EM 15/07/N (INÍCIO DA 3ªSEMANA) (VALORES EM €)

ATIVO	15/07	07/07	CAPITAL PRÓPRIO E PASSIVO	15/07	07/07
ATIVO NÃO CORRENTE			CAPITAL PRÓPRIO		
Ativos fixos tangíveis	188	140	Capital subscrito	140	140
ATIVO CORRENTE			Resultados transitados	48	
Clientes	60		Resultados do Período	143	48
Conta a receber	15	15	PASSIVO		
Gastos a reconhecer	15		PASSIVO CORRENTE		
Caixa e depósitos bancários	103	33	Financiamento obtido	20	
			Outras contas a pagar	30	
Total	**381**	**188**	**Total**	**381**	**188**

Muito bem!

Chegámos ao fim desta primeira expedição pelo mundo das empresas. Conseguiu manter, tal como a formiga, a persistência e agora já compreende a Contabilidade! Já entende bem a linguagem dos negócios! Aprendeu conceitos contabilísticos essenciais para o seu negócio! Agora é apenas necessário que continue não só a trabalhar no negócio, mas que também continue a aprofundar o estudo desta linguagem para se tornar um perito em contabilidade!

E vamos agora convidá-lo a continuar a acompanhar o Toninho na sua aventura empresarial.

Já de seguida vai ter que passar o teste fundamental... entregar as DF no Banco.

E se o Sr. Domingues aceitar as suas DF, o Toninho tem a firme intenção de continuar a evoluir no estudo dos procedimentos contabilísticos, para que na próxima vez que tiver que elaborar as suas DF se sinta como "peixe na água".

7
—
AS DEMONSTRAÇÕES FINANCEIRAS DA SOCIEDADE "TONINHO CORTA-RELVAS, LDA." NO PERÍODO DE 16/07/N A 22/07/N
—

No período anterior (07/07/N a 15/07/N) tinha elaborado as Demonstrações Financeiras para entregar no banco. Mas, quando mostrou a primeira versão dessas DF ao Sr. Domingues para que este lhe concedesse o primeiro empréstimo para a sua entidade, ele detetou várias falhas. Depois de algum esforço lá conseguiu elaborar as ditas DF de finalidades gerais de acordo com as indicações do seu amigo bancário.

Agora precisava que as suas DF passassem o teste de verificação do Sr. Domingues...!

Tinha, todavia, uma certeza: logo que ultrapassasse esta fase, iria continuar a estudar mais desenvolvidamente os procedimentos contabilísticos para que na próxima elaboração das DF se sentisse completamente à vontade nestas artes da contabilidade.

AGORA SIM PODIA ENTREGAR AS DF COM ALGUMA SEGURANÇA

Assim que entrou no banco avistou logo o Sr. Domingues que, o chamou e, de imediato lhe pergunta: **"Então Toninho, as Demonstrações Financeiras, estão prontas?"**

"Sim, foi difícil. O reconhecimento das operações internas deu-me tanto trabalho como o registo das externas, mas agora sim estão completas" – respondeu o Toninho com grande satisfação.

O Sr. Domingues analisou as Demonstrações Financeiras com bastante atenção e disse-lhe: **"Agora sim podemos falar do financiamento. Afinal qual o valor que precisa para financiar os seus investimentos?".**

"Tenho de comprar um cortador de relva que custa 280€, mas como disponho de algum dinheiro em caixa e depósitos bancários apenas necessito que o banco me financie em 250€".

O Sr. Domingues disse-lhe que, face ao desempenho que a sua entidade tinha vindo a atingir, o banco lhe iria conceder o financiamento desejado, nas seguintes condições: os juros seriam pagos no fim de cada período contabilístico[7] à taxa de 5%. No fim de cada um desses períodos amortizaria ao banco uma quinta parte do valor em dívida, ou seja, pagaria a totalidade do financiamento nos 5 períodos contabilísticos subsequentes.

Refletiu e lembrou-se de que tinha lido no Jornal de Negócios da semana passada algo sobre as taxas de juros ativas que os bancos praticavam. Nesse artigo de opinião o jornalista afirmava que essas taxas variavam entre os 5% e os 7% para períodos semelhantes. Logo, o Toninho concluiu que o preço que o Sr. Domingues pedia pelo financia-

---

[7] Deve atender que o período contabilístico da sociedade Toninho Corta Relvas, Lda. é o correspondente a uma semana, mas em termos de vida das empresas reais esse período normalmente identifica-se com o ano civil.

mento que lhe ia conceder estava dentro do intervalo de taxas que vigoravam no mercado. A forma de amortização do empréstimo também era adequada, pois em 5 períodos (ou seja, 5 semanas) amortizaria a totalidade do empréstimo e livrar-se-ia dos encargos do financiamento. Esta semana tinha já muitas encomendas de prestação de serviços, pelo que certamente não teria grandes dificuldades em conseguir meios monetários que lhe permitissem pagar os 50€ de amortização do empréstimo e os respetivos juros.

Assinaram o contrato de empréstimo e o Sr. Domingues disse-lhe que no dia seguinte já podia ir comprar o corta-relva, pois os 250€ já estariam na sua conta depósitos à ordem.

Mas a vida de uma entidade não pará ....! E as operações sucedem-se, e não demoraria teria que elaborar as demonstrações financeiras deste novo período contabilístico de 16/07/N a 22/07/N, que se tinha iniciado com a concessão do empréstimo bancário.

Vamos, então, continuar com a análise da atividade da sociedade do Toninho Corta-Relvas, Lda..

Durante a tarde desse dia, conseguiu arranjar o jardim da Dra. Marlene e do Dr. Manuel, que são contíguos. Pensava que despachava estes dois serviços rapidamente, mas tanto um como outro levaram mais tempo do que o habitual pois no verão as ervas daninhas são mais e maiores, pelo que, demorou mais tempo a deixar estes dois jardins perfeitos como é seu hábito. Quer na casa da Dra. Marlene, quer na do Dr. Manuel deixou na caixa de correio um documento onde descreveu o serviço prestado: serviço de manutenção do jardim. Desta vez cobrou mais do que o habitual, pois demorou mais tempo a prestar os serviços. Cobrou 30€ à Dra. Marlene e 55€ ao Dr. Manuel. Colocou também neste documento, que se chama **fatura**, o seu IBAN para que lhe fizessem uma transferência bancária com o pagamento dos serviços prestados.

> **FATURA**
> é o documento que confirma a transmissão dos bens e/ou a prestação de serviços. Prova que o cliente é agora o dono do produto ou o beneficiário do serviço, e é devedor do respetivo montante.

AS DEMONSTRAÇÕES FINANCEIRAS DA SOCIEDADE "TONINHO CORTA-RELVAS, LDA."

Tinha planeado começar já hoje nos jardins das vivendas do construtor civil, Sr. Félix, mas não teve tempo. Na terça-feira com a ajuda do seu primo iniciariam, logo de manhã, pelo arranjo dos jardins dessas vivendas.

O dia de terça-feira foi muito trabalhoso, arranjaram os jardins de todas as vivendas do Sr. Felix, que eram seis. Para atingir esse objetivo teve a colaboração do seu pai e do seu primo, o que lhe permitiu terminar o trabalho programado. No final do dia ainda emitiu a fatura dos serviços prestados ao Sr. Felix, que atingiu o montante de 180€[8] .

Ao jantar a sua irmã disse-lhe que o *site* da sua empresa já está pronto e que o iria colocar *on-line* ainda nessa noite. Lembra, contudo, ao Toninho que a partir desse momento precisava andar mais atento ao telefone e ao *email*, pois podiam começar a surgir encomendas de serviços em resultado da ativação do referido *site*. Relembra-o também do que tinham combinado relativamente ao pagamento do serviço que esta lhe tinha prestado (metade agora e o resto a 30 dias). Emite-lhe uma fatura do valor total do trabalho com a realização do *site*. O Toninho que não tinha ficado muito satisfeito com as exigências da sua irmã, decide entregar-lhe imediatamente um cheque de 20€, para lhe mostrar que é uma pessoa de palavra. Para dar quitação ao valor entregue a sua irmã emite um recibo de 20€, como prova do seu pagamento.

> **RECIBO**
> é o documento em que alguém declara ter recibo de outrem o que nele estiver especificado. Confirma o pagamento dos bens e/ou da prestação de serviços.

Na quarta-feira finalmente conseguiu arranjar tempo para ir comprar o corta-relvas. O seu pai acompanhou-o ao fornecedor, pois era necessário levar uma carrinha para o seu transporte. Na sua bicicleta não o conseguiria transportar. O seu pai agora tem tempo para o ajudar nos serviços de jardinagem uma vez que apenas trabalha em tempo

---

[8] Nesta fase da sua aprendizagem ainda ignoramos o IVA - Imposto sobre o Valor Acrescentado. Todavia, mais tarde irá compreender que todos os trabalhos prestados pela Sociedade Toninho Corta-Relvas, Lda. liquidam IVA.

parcial. Essa disponibilidade do pai irá permitir ao Toninho continuar com uma intensa procura de mais e mais clientes.

Depois de concretizar o negócio com o Sr. Martinho, o Toninho pagou o investimento realizado com um cheque.

No caminho para casa, e enquanto o seu pai conduzia, o seu telemóvel não parava de receber mensagens. Eram potenciais clientes, mais e mais encomendas de serviços!!!!

De entre os inúmeros contactos, um surpreendeu em particular: a Junta de Freguesia da sua residência solicitava-lhe os seus serviços para cuidar das duas rotundas e do jardim público do seu bairro. O seu coração saltava de emoção, precisava mesmo da ajuda do pai para conseguir dar conta do recado e para que, com a carrinha, lhe transportasse os equipamentos para trabalhar, pois a sua bicicleta já não conseguir responder a tantas solicitações, e ainda mais agora que tinha um corta-relvas muito maior e muito mais potente!

O Toninho e o pai decidiram fazer um desvio na sua viagem e passaram logo na Junta para acertar os pormenores do contrato de prestação de serviços. Das conversações havidas, resultou um acordo em que a referida entidade lhe iria pagar 75€/semana, e que o contrato de prestação de serviços se iniciava imediatamente. Ainda durante essa semana, na quinta-feira, faria a recuperação de uma das rotundas, com o compromisso da Senhora Presidente de imediato lhe fazer o pagamento desse serviço através de transferência bancária. Aproveitaram ainda a viagem para passaram pelas bombas de gasolina para atestarem a carrinha de combustível e para comprarem gasóleo para o corta-relvas, pois iriam ter um final de semana diabólico. Pagaram a fatura de combustível, que atingiu o valor de 65€ e rumaram a casa, pois precisavam de fazer uma programação adequada de todos os serviços que teriam que prestar no curto prazo.

Na tarde de quarta-feira aproveitou e, juntamente com o seu pai, foram fazer os jardins das casas de duas amigas da sua mãe. Recebeu pela prestação desses serviços o valor de 60€. Tinha planeado fazer este serviço apenas na quinta-feira mas, como combinou com a Senhora D. Ilda – a presidente da Junta, iniciar os trabalhos numa das rotundas, tinha que adiantar já estes serviços pois, com a ajuda do seu pai seria mais rápido, e permitia-lhe não ter falhas nos compromissos assumidos com os seus clientes.

AS DEMONSTRAÇÕES FINANCEIRAS DA SOCIEDADE "TONINHO CORTA-RELVAS, LDA."

Que bem que sabe a ajuda do pai!!! .... De repente lembrou-se que agora que tem o seu pai a trabalhar consigo na Toninho Corta-Relvas tem que fazer um seguro de acidentes de trabalho que cubra também os riscos de acidentes do seu novo funcionário. Telefona de imediato à Senhora D. Graça que lhe pede a identificação do seu pai para fazer o seguro de acidentes de trabalho e o informa do prémio que teria que suportar. Terá que pagar mais 30€, mas, efetivamente, o prémio era muito superior, porque iria cobrir o risco de quatro períodos contabilístico. Logo, era o mesmo valor que tinha pago quando contratou o seu seguro e o do seu primo.

Finalmente, chega a sexta-feira à noite. Está exausto, mas feliz com tantos novos clientes. O seu negócio está mesmo a crescer e a sua empresa assume-se cada vez mais como uma referência na prestação de serviços de jardinagem. Mas, as demonstrações financeiras do período contabilístico que agora terminou (ou seja, a última semana) estão ainda por elaborar e as operações realizadas foram inúmeras. Amanhã mesmo aproveitará parte do seu dia de descanso para tratar da contabilidade da sua entidade. Se o negócio continuasse a evoluir ao mesmo ritmo, não demoraria teria que contratar também os serviços de um contabilista certificado, pois já não tinha mãos a medir para tantas tarefas que tinha que realizar todos os dias.

Sábado de manhã... acorda e não lhe sai da cabeça que vai ter que fazer a contabilidade da sua empresa.

Levanta-se, toma um banho e um valente pequeno-almoço e já se sente pronto para lançar mais à obra!

Organiza todos os documentos para iniciar o reconhecimento das operações efetuadas no último período contabilístico, para que possa elaborar as demonstrações financeiras finais da Toninho Corta-Relvas, Lda..

Enquanto desenvolve esse trabalho pensa para consigo mesmo: *"durante este último período contabilístico, o meu pai trabalhou comigo todas as tardes e usamos a carrinha dele para transportar os equipamentos e certamente nas próximas semanas também continuaremos a usá-la pois, as encomendas de serviços não param de aumentar".*

Será que essa situação deve refletir-se nas demonstrações financeiras que vai preparar?

A carrinha do pai está a ser muito útil à empresa e está a contribuir para que a sua entidade obtenha benefícios económicos presentes e também futuros, pois vai continuar a servir-se dela para transportar as máquinas com os quais presta os seus serviços de jardinagem. Será correto afetar a carrinha do pai à empresa e evidenciá-la nas demonstrações da Toninho Corta-Relvas, Lda., ainda que a carrinha continue a ser propriedade jurídica do seu pai? Ou seria mais sensato se comprasse a carrinha e a afetasse ao património da sua entidade, já que precisa tanto dela para continuar a prestar os seus serviços de forma eficiente?

Bem, ... para o fazer é necessário que a carrinha passe a ser efetivamente utilizada pela sua entidade, mas, se assim for qual será o preço a que o pai lhe pode vender a carinha? Quanto valerá a carrinha no estado de uso e com os anos que tem?

Pergunta ao seu pai e ele diz-lhe que não sabe, pois a carrinha já é bastante velha e aconselha-o a consultar alguns sites na *internet* de carros usados, para saber o preço de uma carrinha parecida e com a idade da sua".

Foi o que fez. Na *internet* encontrou seis carrinhas parecidas com a do seu pai e a média de preços rondava os 300€.

Uma carrinha tão velha e ainda tem tanto valor – pensa o Toninho!

Mas, como vai a minha empresa pagar 300€ pela carrinha ao meu pai, se não tem este dinheiro nem em caixa nem em depósitos à ordem?

Pergunta ao seu pai, como se poderá resolver esta situação e ele diz-lhe que não precisa de a pagar toda de uma vez, que a pode ir pagando em prestações como fez com o dinheiro que pediu ao banco. E acrescenta: "*e comigo fazes melhor negócio do que com o banco, pois não precisas de me pagar juros*". O seu pai é mesmo seu amigo, mas ele sabe que nos negócios raramente há empréstimos gratuitos.

Mas o pai ainda não tinha terminado a sua proposta e diz ao Toninho:

Há outra solução para este problema que estás a enfrentar: "*se quiseres não precisas de me pagar a carrinha, se concordares eu entro para sócio da sociedade Toninho Corta-Relvas, Lda., com um capital de 300€, correspondente ao valor da carrinha. Realizo a minha parte do capital em espécie.*

Esta última questão fica para decidir no futuro, pois tem de falar com o seu Amigo Advogado – o Dr. Lucas Pintassilgo, para saber os riscos e as vantagens de transformar a sua sociedade unipessoal por quotas em uma sociedade por quotas.

São questões complexas e que merecem reflexão cuidada.

Assim sendo, decide que, pelo menos para já, o seu pai vai ser apenas credor da Toninho Corta-Relvas. Compra-lhe a carrinha, e acorda pagar o valor desse investimento nos próximos 3 períodos contabilísticos. Assim sendo, já pode reconhecer a carrinha no património da sua entidade.

Enquanto debatia com o seu pai a questão anterior, aparece o seu primo Tomás com o registo das horas de trabalho realizadas na última semana, para que o Toninho pudesse proceder ao processamento da sua remuneração. Tinha combinado pagar-lhe a 2,5€/h até que ele aumentasse significativamente a sua produtividade, lembra-se?

"Toninho aqui estão as horas que trabalhei na semana passada" – disse o Tomás.

"Entendo que está na altura de ajustarmos o preço para 3€, não achas?" Perguntou ele de rompante!

Ele durante esta semana trabalhou quatro manhas, 4h por cada manhã e realmente tinha razão, já trabalhava com tanta rapidez e quase tão bem como o próprio Toninho. Combinaram que na próxima semana já lhe pagaria a esse novo valor horário, mas esta semana seria ainda a 2,5€, pois era o que estava acordado. Processou as remunerações do Primo e pagou-lhe imediatamente e através de um cheque os 40€ em dívida.

As operações para reconhecer na contabilidade não paravam de aumentar. Era melhor meter mãos à obra e fazer o registo contabilístico de todas as operações realizadas, a fim de elaborar as Demonstrações Financeiras.

Entretanto o seu pai e o seu primo tratavam da manutenção dos equipamentos da empresa, pois iriam ter uma semana dura de trabalho.

Mal se sentou à secretária para preparar o trabalho e logo o seu telefone tocou....!!

Era o Padre António a chamá-lo, com urgência, para tratar dos jardins da igreja. Este fim-de-semana era a festa da *Santa Marinha* e os jardins da igreja estavam uma vergonha.

Que fazer ...!!!! O Padre António era tão seu Amigo!

Não havia como lhe dizer que não à sua solicitação. Assim, deixou a elaboração da contabilidade para depois e lá foram os três tratar dos jardins da Igreja.

No fim deste serviço passou a fatura dos serviços prestados, no valor de 60€ que entregou ao Padre António, que lhe pagou, de imediato, em dinheiro.

Na segunda-feira era o feriado municipal e iria aproveitar este dia para tratar da contabilidade da sua empresa.

Neste dia logo de manhã passou no multibanco e imprimiu um extrato da conta depósitos à ordem da sua empresa.

Ficou admirado, pois verificou que o banco já lhe tinha retirado o valor da amortização do empréstimo (50€) e respetivos juros (250€*0,05 = 12,5€). Verificou também que tanto a Dra. Marlene como o Dr. Manuel já lhe tinham feito a transferência bancária dos serviços prestados.

O Toninho resolve elaborar um quadro com todas as operações que terá que reconhecer relativamente ao último período contabilístico:

1.	Financiamento obtido.	250€
2.	Fatura relativa aos serviços prestados à Dra. Marlene.	30€
3.	Fatura relativa aos serviços prestados ao Dr. Manuel.	55€
4.	Fatura relativa aos serviços prestados ao Sr. Félix.	180€
5.	Fatura da irmã relativa à construção do seu site promocional.	40€
6.	Pagamento, através de cheque, de metade do valor em dívida à sua irmã.	20€
7.	Compra, a pronto pagamento, através de cheque, do corta-relvas.	280€
8.	Emissão de fatura e recebimento da transferência bancária da Junta de Freguesia relativa à primeira semana da prestação dos serviços contratados.	75€
9.	Compra, a pronto pagamento, de combustível para a carrinha e para o corta-relvas.	65€
10.	Faturas de serviços prestados às amigas da sua mãe, que foram de imediato pagas, em dinheiro.	60€
11.	Prémio do seguro de acidentes de trabalho para abranger o seu pai, que agora faz parte dos quadros da Toninha Corta Relvas. Ainda por liquidar.	30€
12.	Aquisição, a crédito, da carrinha do pai.	300€
13.	Processamento da remuneração do primo Tomás e seu pagamento.	40€
14.	Fatura relativa aos serviços prestados à igreja, que foi paga de imediato.	60€
15.	Pagamento dos juros e amortização do empréstimo.	62,5€
16.	Recebimento da transferência bancária do Dr. Manuel relativa à última prestação de serviços efetuada.	55€
17.	Recebimento da transferência bancária da Dra. Marlene relativa à última prestação de serviços efetuada.	30€

Reconhecimento das operações realizadas e preparação e elaboração das Demonstrações Financeiras da sociedade Toninho Corta-Relvas, Lda.

a) Reconhecimento/registo das operações realizadas

Vamos registar as operações que tiveram lugar no último período contabilístico no razão da sociedade Toninho Corta-Relvas, Lda:

1. Financiamento obtido – 250€

Depósitos à ordem (D.O.)[9]	Financiamentos Obtidos
250	250

2. Fatura relativa aos serviços prestados à Dra. Marlene – 30€

Clientes, c/c[10]	Prestação de serviços
30	30

3. Fatura relativa aos serviços prestados ao Dr. Manuel – 55€

Clientes, c/c	Prestação de serviços
55	55

---

[9] Doravante, iremos identificar sempre a conta Depósitos à Ordem, pela sua sigla: D.O.

[10] A conta designa-se de Clientes - conta corrente. A partir de agora será designada por: Clientes - c/c.

4. Fatura relativa aos serviços prestados ao Sr. Félix – 180€

Clientes, c/c	Prestação de serviços
180	180

5. Fatura da irmã relativa à construção do site – 40€

Ativos intangíveis	Fornecedores de investimento
40	40

6. Pagamento através de cheque de metade da fatura do site – 20€

Fornecedores de investimento	D.O.
20	20

7. Compra, a pronto pagamento, através de cheque do corta-relvas – 280€

Pela emissão da fatura:

Ativo Fixo Tangível	Fornecedores de investimento
280	280

Pelo pagamento:

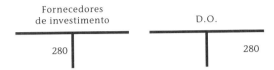

8. *Emissão de fatura e recebimento da primeira semana de prestação de serviços contratado com a Junta de Freguesia – 75€*

Pela emissão da fatura:

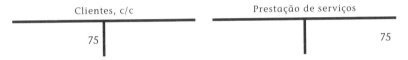

Pelo pagamento:

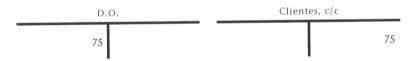

9. *Compra de gasóleo, a pronto pagamento, para a carrinha e para o corta-relvas – 65€*

Fornecimentos e serviços externos	Caixa
65	65

10. Faturas de serviços prestados às amigas da sua mãe (e pagos em dinheiro) – 60€

Pela emissão da fatura:

Clientes, c/c	Prestação de serviços
60	60

Pelo pagamento do Cliente:

Caixa	Clientes, c/c
60	60

11. Prémio do seguro de acidentes de trabalho para abranger o seu pai. Ainda por liquidar –30€

Gastos com pessoal	Outras contas a pagar
30	30

12. Aquisição, a crédito, da carrinha do pai – 300€

Ativos Fixos Tangíveis	Fornecedores de investimento
300	300

AS DEMONSTRAÇÕES FINANCEIRAS DA SOCIEDADE "TONINHO CORTA-RELVAS, LDA."

13. Processamento e pagamento das remunerações ao primo Tomás[11] – 40€

Processamento:

Gastos com pessoal	Remunerações a pagar
40	40

Pagamento das remunerações:

Remunerações a pagar	D.O.
40	40

14. Fatura relativa aos serviços prestados à igreja e que foi pago de imediato – 60€

Pela emissão da fatura:

Clientes, c/c	Prestação de serviços
60	60

Pelo recebimento da fatura:

D.O.	Clientes, c/c
60	60

---

[11] Para não complicar demasiado os registos contabilísticos, ignoramos todas as contribuições para a Segurança Social, bem como as retenções de imposto sobre o rendimento (IRS).

15. Pagamento dos juros e amortização do empréstimo – 62,5€

Mas qual o valor do juros a suportar à taxa de 5% em cada período contabilístico?

Juros suportados = 250*0,05 = 12,5€ (por período).
Amortização = 250/5 = 50€.

Pela amortização do empréstimo:

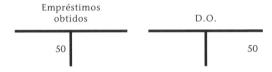

Pelos juros suportados:

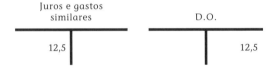

16. Recebimento da transferência bancária do Dr. Manuel – 55€

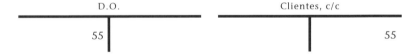

17. Recebimento da transferência bancária do Dra. Marlene – 30€

D.O.		Clientes, c/c
30		30

Para chegarmos aos balancetes de encerramento e final, importa proceder aos ajustamentos do final do período contabilístico.

b) Ajustamento do fim do período contabilístico

b.1) Depreciações e amortizações

Para calcularmos a quota de depreciação dos ativos fixos tangíveis (AFT) temos que determinar a sua vida útil.

Para os outros bens de investimento que detinha: o cofre, a bicicleta e o aparador de relva, essa vida útil já tinha sido definida em anterior período contabilístico, e não se fazia necessária qualquer revisão dessa vida útil. Importava, agora, saber qual a vida útil a considerar para o corta-relvas e para a carrinha que comprou no decurso deste período contabilístico?

Para conhecer a vida útil do corta-relvas enviou um *email* ao Sr. Martinho, perguntando-lhe quantos anos entendia ele que esse bem poderia ser utilizado eficientemente pela sua empresa. Ele rapidamente se aprontou a responder-lhe. Na opinião do seu fornecedor de investimento a vida útil do corta-relvas devia ser de cinco períodos.

Para estimar adequadamente a vida útil da carrinha foi conversar com o mecânico do seu pai. Perguntou-lhe durante quanto tempo poderia ainda utilizar de modo eficiente a carrinha, que tinha acabado de comprar ao seu pai. A opinião do mecânico foi clara: a carrinha se fosse bem estimada duraria ainda pelo menos 3 períodos.

O Toninho decidiu seguir a opinião do mecânico e definiu uma vida útil de 3 períodos para a carrinha.

Ativo	Valor aquisição	Vida útil	Depreciação Acumuladas (N-1)	Imparidade [12] Acumuladas (N-1)	Valor Escriturado (N-1)	Depreciação do período N	Depreciação Acumulada N	Valor Escriturado em N (Ca-DA-PI)
Cofre	20	10	2	0	18	2	4	16
Bicicleta	120	4	30	20	70	23,33	53,33	46,67
Aparador	120	6	20	0	100	20	40	80
Corta relvas	280	5	0	0	0	56	56	224
Carrinha	300	3	0	0	0	100	100	200
Total	840		52	20	188	201,33	253,33	566,67

Registo da depreciação do período:

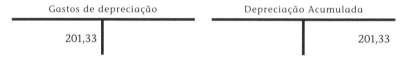

O Toninho lembra-se ainda do investimento que realizou com a aquisição do *site* que lhe permite hoje ter muitos e muitos mais clientes, e que espera utilizar eficientemente ao longo dos próximos 4 períodos. Assim sendo, esse ativo intangível deve também ser amortizado durante esse período:

Ativo Intangível	Valor aquisição	Vida útil	Amortização do período N	Imparidade Acumuladas N	Amortizações Acumulada N	Valor Escriturado em N (Ca-AA-PI)
Site	40	4	10	0	10	30

Registo da amortização do período:

Gastos de depreciação	Amortização Acumulada
10	10

---

[12] As perdas por imparidade acumuladas de N são exatamente iguais às de N-1.

b.2) Reconhecimento de Perdas por Imparidades

Chegando ao final do período contabilístico resolveu efetuar novamente o **teste de Imparidade aos seus ativos fixos tangíveis e intangíveis**. No período passado registou imparidade na sua bicicleta (equipamento de transporte) e desconfia que a mesma continua a perder valor para além da sua depreciação. Como neste período comprou outro equipamento de transporte – a carrinha, entendeu que também este ativo precisava ser sujeito a testes de imparidade porque pertence à mesma classe de ativos – equipamento de transporte e porque tem indícios que a mesma poderá estar sobrevalorizada.

Como obter o valor de mercado da bicicleta e da carrinha? Lembrou-se de um livro que o seu pai lhe mostrou onde estão os valores das viaturas e foi falar com o seu primo perito em bicicletas. Ele assina uma revista onde se podem consultar os preços de todas as bicicletas do mercado. Consultou estes dois livros e verificou o valor de mercado para os seus equipamentos de transporte eram os seguintes:

Ativo	Valor contabilístico N	Valor mercado N	Imparidade N
Bicicleta	46,67	40	6,67
Carrinha	200	180	20
Total	246,67	220	26,67

Logo, temos então, que reconhecer uma perda por imparidade neste período de 26,67€.

Perdas por imparidade	Perdas por imparidade acumuladas
26,67	26,67

b.3) Gastos a reconhecer

Lembra-se do **seguro de acidentes de trabalho** que o Toninho fez para si próprio e para o seu primo Tomás que trabalha na sua empresa? No período anterior fez o seguro por dois períodos contabilísticos. Foi registado metade como gasto do período no qual o seguro foi contratado, e a outra parte foi reconhecido numa conta de diferimentos – gastos a reconhecer, pois efetuou uma despesa que deve ser repartida pelos dois períodos contabilísticos para o qual foi contratado o seguro. Logo que registou essa obrigação repartiu adequadamente esse valor, considerando 50% do valor do prémio como gasto do período corrente e 50% como diferimentos, que correspondem a gastos a reconhecer em períodos futuros.

Pois bem, estando agora no final do período seguinte temos de anular o diferimento e reconhecê-lo como gasto deste período.

Gastos com pessoal	Gastos a reconhecer
15	15

O Toninho lembra-se, também, do seguro que fez no decurso deste período para o seu pai? Este seguro vai protegê-lo durante quatro períodos e quando o reconheceu na contabilidade considerou-o como gasto total deste período. Certo? Então, para cumprir o regime do acréscimo (em cada período registam-se os rendimentos desse período e os gastos incorridos para os obter), vamos ter de reconhecer como gasto deste período apenas 7,5€, pois o seguro contratado vai proteger o seu pai em quatro períodos contabilísticos. Uma vez que registou a totalidade do prémio como gasto neste período, agora é necessário diferir uma parte desse prémio, ou seja, 3/4 do valor do prémio de seguro só será gastos nos períodos seguintes.

Diferimentos – Gastos a reconhecer	Gastos com pessoal
22,5	22,5

Agora que já tinha todos os registos efetuados, iria de imediato elaborar o balancete final.

c) Elaboração do Balancete Final

O reconhecimento de todas as operações está concluído agora é só elaborar o balancete final.

Contas	Débito	Crédito	Saldo	
			Devedor	Credor
Caixa e depósitos bancários	633,00	467,50	165,50	--
Clientes, c/c	520,00	280,00	240,00	--
Outras contas a receber	15,00		15,00	--
Diferimentos - Gastos a reconhecer	37,50	15,00	22,50	--
Financiamento obtido	50,00	270,00	--	220,00
Outras contas a pagar	340,00	720,00	--	380,00
Ativo fixo tangível	840,00		840,00	--
Depreciações Acumuladas		253,33	--	253,33
Perdas por Imparidade Acumuladas		46,67	--	46,67
Ativo Intangível	40,00		40,00	--
Amortizações acumuladas		10,00	--	10,00
Capital subscrito		140,00	--	140,00
Resultados transitados 1		48,00	--	48,00
Resultados transitados 2		143,00	--	143,00
Prestações de serviços		460,00	--	460,00
FSE	65,00		65,00	--
Gastos com o pessoal	85,00	22,50	62,50	--
Depreciações/Amortizações do período	211,33		211,33	--
Imparidade do período	26,67		26,67	--
Juros e gastos similares	12,50		12,50	--
Totais	**2876,00**	**2876,00**	**1701,00**	**1701,00**

d) Elaboração do Balanço e da Demonstração dos Resultados

DEMONSTRAÇÃO DOS RESULTADOS DE TONINHO CORTA-RELVA
16/07/N A 22/07/N (VALORES EM €)

Gastos	15-Jul	22-Jul	Rendimentos	15-Jul	22-Jul
Fornecimentos e serviços externos		65,00			
Gastos com pessoal	45,00	62,50	Vendas e serviços prestados	260,00	460,00
Gastos de depreciação	52,00	211,33			
Perdas por imparidade	20,00	26,67			
Juros suportados	0,00	12,50			
Resultados do período	143,00	82,00			
Total dos gastos e Resultados	**260,00**	**460,00**	**Total dos rendimentos**	**260,00**	**460,00**

BALANÇO INDIVUDUAL DE TONINHO CORTA-RELVAS, LDA.
EM 22/07/N (VALORES EM €)

	15-Jul	22-Jul		15-Jul	22-Jul
Ativo			Capital Próprio e Passivo		
Ativo não corrente			Capital Próprio		
Ativo fixo tangível e A. Intangível	188,00	570,00	Capital subscrito	140,00	140,00
Ativo corrente			Resultados transitados	48,00	191,00
Clientes	60,00	240,00	Resultados do período	143,00	82,00
Outras contas a receber	15,00	15,00	Passivo corrente		
Diferimentos-Gastos a reconhecer	15,00	22,50	Financiamento obtido	20,00	220,00
Caixa e depósitos bancários	103,00	165,50	Outras contas a pagar	30,00	380,00
Total do Ativo	**381,00**	1013,00	**Total do Capital Próprio e do Passivo**	**381,00**	1013,00

AGORA SIM, AS DEMONSTRAÇÕES FINANCEIRAS DESTE NOVO PERÍODO CONTABILÍSTICO ESTÃO COMPLETAS E QUÃO TRABALHOSAS FORAM!!!!!

8

—

QUESTÕES

—

Agora que acabou a leitura dos 7 capítulos de "Contabilidade para Todos" está pronto fazer uma revisão dos principais conceitos que foi aprendendo ao longo de cada um dos capítulos anteriores.

Para o efeito, ser-lhe-ão disponibilizadas um conjunto de questões de escolha múltipla, que lhe permitirão testar os seus conhecimentos.

Aceita o desafio?

Se assim for, tente responder a cada uma das muitas questões dos 6 capítulos anteriores.

Quando terminar essa tarefa para cada um dos diferentes capítulos, confronte a sua resposta com a grelha de respostas que integra o capítulo 9 deste livro.

Se atingiu uma boa taxa de respostas corretas então estamos na presença de um Contabilista quase tão bom como o nosso Toninho!

CAPÍTULO 1
A EMPRESA E A INFORMAÇÃO FINANCEIRA

São-lhe apresentadas de seguida 15 questões de escolha múltipla que lhe irão permitir testar os seus conhecimentos sobre os conceitos que aprendeu no capítulo 1.

Se respondeu corretamente a todas estas questões .... então poderá avançar para as questões do próximo capítulo.

1. Ao conjunto de meios que se organizam e combinam com vista a exercer uma atividade económica, para satisfazer as necessidades humanas, dá-se o nome de:

A: Empresa.

B: Estabelecimento.

C: Empresário.

D: Nenhuma das respostas anteriores.

2. A generalidade das empresas organizam-se em sociedades, que desenvolvem a sua atividade com o objetivo de:

A: Aumentar as exportações.

B: Criar emprego.

C: Aumentar a produção.

D: Gerar lucros.

3. Em Portugal muitas empresas organizam-se envolvendo vários proprietários. Designam-se, por isso, como:

A: Sociedades unipessoais.

B: Sociedades.

C: Ajuntamentos.

D: Multiproprietários.

4. Os titulares do capital de uma sociedade por quotas designam-se de:

A: Acionistas.

B: Sócios.

C: Patrões.

D: Donos ou proprietários.

5. Ao conjunto de dados contabilísticos devidamente organizados sobre a posição financeira e o desempenho de uma entidade que permitem retirar conclusões sobre a sua atividade ao longo do tempo e tomar decisões para o futuro chama-se:

A: Recursos económicos.

C: Informação financeira.

B: Recursos financeiros.

D: Posição financeira.

6. As máquinas, as viaturas e os edifícios utilizados por uma entidade, bem como as suas mercadorias, dívidas dos clientes e o dinheiro em caixa e no banco são normalmente identificados como:

A: Recursos da entidade.

C: Bens que são propriedade da entidade.

B: Obrigações da entidade.

D: Direitos que pertencem à entidade.

7. Os recursos da empresa podem ser financiados por:

A: Empréstimos de sócios.

C: Capital de terceiros e/ou capital da própria entidade.

B: Empréstimos bancários.

D: Nenhuma das anteriores.

8. O mapa/quadro que fornece dados sobre os recursos da empresa e a forma como estes são financiados, designa-se, normalmente, de:

A: Balanço ou demonstração da posição financeira.

B: Mapa de recursos de caixa.

C: Mapa de financiamento.

D: Inventário.

9. A pessoa responsável pela preparação técnica das Demonstrações Financeiras designa-se por:

A: Preparador de dados.

C: Contabilista certificado.

B: Gestor Financeiro.

D: Diretor Geral.

10. A informação sobre os recursos disponíveis, os meios usados para os financiar e os resultados alcançados é designada genericamente por:

A: Informação financeira.

C: Informação sobre os meios de financiamento da empresa.

B: Informação sobre os recursos da empresa.

D: Informação sobre os resultados obtidos.

11. As pessoas que normalmente consultam e que estão interessadas na informação financeira de uma entidade designam-se de:

A: Consultores.

C: Clientes, Fornecedores e Estado.

B:Utentes/Utilizadores/ Destinatários.

D: Órgãos de gestão.

12. As pessoas (jurídicas ou físicas) que aplicam o seu capital na entidade com a expectativa de serem remunerados através dos resultados gerados por essa entidade designam-se de:

A: Credores.

B: Mutuantes.

C: Fornecedores.

D: Investidores ou sócios.

13. As entidades que concedem crédito a uma sociedade designam-se de:

A: Mutuantes ou credores.

C: Clientes.

B: Sócios.

D: Governo.

14. Uma das caraterísticas qualitativas da informação financeira prende-se com a capacidade desta influenciar as decisões dos seus utentes. Esta característica designa-se de:

A: Comparabilidade.

B: Compreensibilidade.

C: Relevância.

D: Fiabilidade.

15. O conjunto de ações que procura uma aproximação das regras contabilísticas para criar uma "linguagem contabilística" cada vez mais universal, designa-se normalmente por:

A: Estandardização.

B: Normalização.

C: Uniformização.

D: Fiabilização.

CAPITULO 2
O conceito de património, ativo, passivo e capital próprio

São-lhe apresentadas de seguida 15 questões de escolha múltipla que lhe irão permitir testar os seus conhecimentos sobre os conceitos que aprendeu no capítulo 2.

Se respondeu corretamente a todas estas questões .... então poderá avançar para as questões do próximo capítulo.

1. O património é constituído por vários elementos. Cada um destes elementos assume a designação de:

A: Elemento patrimonial.

B: Passivos e ativos.

C: Obrigações e Recursos.

D: Bens e Direitos.

2. A uma lista de elementos patrimoniais devidamente mensurados e referidos a uma determinada data, dá-se o nome de:

A: Listagem de património.

B: Balanço.

C: Património total.

D: Inventário.

3. O conjunto de bens, direitos e obrigações devidamente mensurados, pertencentes a uma dada pessoa (física ou jurídica), num determinado momento do tempo designa-se de:

A: Balanço.

B: Património.

C: Lista classificada.

D: Ativos.

4. Juridicamente, os comerciantes em nome individual podem ser classificadas como:

A: Acionistas/Sócios.

B: Pessoas singulares.

C: Pessoas coletivas.

D: Sociedades.

5. As entidades organizadas sob a forma de sociedades, mas apenas com um sócio designam-se de:

A: Entidades unipessoais.

B: Sociedade única.

C: Sociedade unipessoal.

D: Estabelecimento individual.

6. Para determinar o valor do património liquido usa-se a seguinte fórmula:

A: Bens + Direitos − Obrigações.

B: Bens − Obrigações.

C: Bens + Direitos.

D: Bens + Direitos + Obrigações.

7. Do ponto de vista do SNC o valor do património liquido é designado por:

A: Ativo.

B: Situação liquida.

C: Capital próprio.

D: Ativo e Passivo.

8. A igualdade A = P + CP designa-se de:

A: Equação fundamental de contabilidade.

B: Equação contabilística.

C: Equação da Demonstração dos Resultados.

D: Equação de massas patrimoniais.

9. Aos recursos que a empresa controla dá-se o a designação:

A: Direitos.

B: Bens.

C: Ativos.

D: Direitos controlados.

10. Ao usar e combinar os vários recursos que controla (os ativos), a entidade espera no futuro obter:

A: Benefícios económicos.

C: Sucesso comercial e financeiro.

B: Garantia de sustentabilidade.

D: Maior quota de mercado.

11. Quando se liquida ou se extingue uma obrigação saem da empresa recursos. Esta saída de recursos denomina-se:

A: Influxo de recursos.

C: Liquidação de direitos.

B: Exfluxo de recursos.

D: Recebimento de obrigações.

12. Se ao valor dos ativos forem deduzidos todos os passivos, a diferença denomina-se de:

A: Resíduo.

C: Ativo liquido.

B: Património Bruto.

D: Capital próprio.

13. Os recursos da entidade XPTO são constituídos por um camião no valor de 55.000€ e por 500€ de dinheiro em caixa. Esta empresa tem uma dívida ao banco no valor de 20.000€. O valor do ativo desta entidade é:

A: 55.500€.

C: 55.000€.

B: 35.000€.

D: 35.500€.

14. O ativo da entidade XPTO é constituído por uma máquina no valor de 35.000€ e por 15.000€ num depósito bancário no Banco MMS. O passivo é constituído pela dívida ao fornecedor desta máquina. O valor do Capital Próprio desta empresa é de:

A: 50.000€.

C: 15.000€.

B: 35.000€.

D: 85.000€.

15. Segundo o SNC as definições de ativo, passivo e capital próprio tem por base um conceito de entidade segundo a ótica:

A: Jurídica.

B: Económica.

C: Financeira.

D: Jurídico-patrimonial.

CAPITULO 3
O Balanço ou Demonstração da Posição Financeira

São-lhe apresentadas de seguida 15 questões de escolha múltipla que lhe irão permitir testar os seus conhecimentos sobre os conceitos que aprendeu no capítulo 3.

Se respondeu corretamente a todas estas questões .... então poderá avançar para as questões do próximo capítulo.

1. Os recursos e as obrigações de uma entidade devem ser distintos daqueles que pertencem aos titulares do capital dessa entidade. Este princípio designa- se de:

A: Princípio da entidade empresarial.

B: Princípio da continuidade.

C: Princípio do acréscimo.

D: Princípio fundamental da Contabilidade.

2. Ao quadro financeiro, que apresenta o ativo, o passivo e o capital próprio da empresa, em determinada data, designa-se de:

A: Inventário classificado.

B: Quadro de variações de recursos.

C: Demonstração de fluxos de caixa.

D: Balanço ou Demonstração da posição financeira.

3. O tempo que medeia entre a aquisição de um recurso, sua transformação, até à venda ou à prestação de serviços que constituem o objeto social da entidade, designa-se de:

A: Ciclo Financeiro.

B: Ciclo Operacional.

C: Ciclo de Investimento.

D: Ciclo Comercial.

4. Quando um ativo se destinar à venda, for realizado dentro do ciclo operacional ou for caixa ou equivalente, então estamos perante um:

A: Ativo não Corrente.

B: Ativo Corrente.

C: Ativo Líquido.

D: Passivo Corrente.

5. Quando um ativo não se destinar à venda, não for realizado num período contabilístico ou não for caixa ou equivalente, então estamos perante um:

A: Ativo não Imobilizado.

B: Ativo Corrente.

C: Ativo não Corrente.

D: Ativo Circulante.

6. Existem recursos com maior ou menor capacidade de se transformar em dinheiro. A esta capacidade designa-se de:

A: Liquidabilidade.

B: Disponibilidade.

C: Trocabilidade.

D: Exigibilidade.

7. O maior ou menor prazo que uma empresa dispõe para cumprir as suas obrigações denomina-se:

A: Período contabilístico.

B: Liquidabilidade.

C: Exigibilidade.

D: Exercício económico.

8. As alterações devidamente mensuradas em unidades monetárias de um conjunto de elementos patrimoniais com caraterísticas semelhantes são reconhecidas através de:

A: Contas.

B: Demonstrações Financeiras.

C: Classes.

D: Inventário.

QUESTÕES

9. O valor do património de uma entidade altera-se sempre que se verifiquem:

A: Recebimentos.

B: Pagamentos.

C: Gastos e rendimentos.

D: Despesas e receitas.

10. Sabendo que o valor do ativo total da sociedade ABC, Lda. é de 50.000 € e o valor do ativo corrente é de 18.000 €, qual o valor do ativo não corrente?

A: 32.000€.

B: 68.000€.

C: 18.000€.

D: Nenhuma das respostas anteriores.

11. Sabendo que o valor do passivo total da sociedade ABC, Lda. é de 50.000 € e o valor do Capital Próprio é de 18.000 €, qual o valor do ativo total?

A: 50.000€.

B: 68.000€.

C: 32.000€.

D: Nenhuma das respostas anteriores.

12. Ao valor com o qual uma sociedade inicia a sua atividade chama-se:

A: Capital não Corrente.

B: Capital Financeiro.

C: Capital Corrente.

D: Capital Inicial.

13. O período de tempo coberto pelas demonstrações financeiras designa-se de:

A: Período Contabilístico.

B: Período Corrente.

C: Ano civil.

D: Nenhuma das respostas anteriores.

14. Os ativos com existência física que permanecem na empresa por um longo período e que são utilizados na entidade para o desenvolvimento da sua atividade, reconhecem-se na conta:

A: Propriedades de investimento.

B: Inventários.

C: Ativo Fixo Tangível.

D: Investimentos em curso.

15. Sabendo que a sociedade ABC Lda. tem de Capital Próprio 50.000 € e de Recursos 200.000 €, calcule a percentagem do Capital Alheio (CA) da entidade:

A: 25,00%.

B: 75,00%.

C: 50,00%.

D: Nenhuma das respostas anteriores.

CAPÍTULO 4
A Demonstração dos Resultados e a Demonstração dos Fluxos de caixa

São-lhe apresentadas de seguida 15 questões de escolha múltipla que lhe irão permitir testar os seus conhecimentos sobre os conceitos que aprendeu no capítulo 4.

Se respondeu corretamente a todas estas questões .... então poderá avançar para as questões do próximo capítulo.

1. O mapa que mostra os recursos da entidade e a forma como os mesmos são financiados designa-se de:

A: Balanço ou Demonstração da Posição Financeira.

B: Inventario.

C: Demonstração dos Fluxos de Caixa.

D: Demonstração dos Resultados.

2. O mapa/demonstração que informa sobre o montante dos serviços prestados, bem como os gastos em que incorreu para os prestar designa- se de:

A: Demonstração dos rendimentos.

B: Balanço.

C: Demonstração de fluxos de caixa.

D: Demonstração dos resultados.

3. O resultado obtido num período contabilístico por uma entidade, seja ele lucro ou prejuízo, apura-se através da diferença:

A: Ativos − Passivos.

B: Passivo − Capital Próprio.

C: Rendimentos − Gastos.

D: Prestação de serviços − Fornecimentos e Serviços Externos.

4. O agregado que é calculado pela diferença entre a totalidade dos rendimentos gerados menos os gastos suportados, num determinado período designa-se de:

A: Resultados finais.

B: Resultados do período.

C: Lucro do período.

D: Prejuízo do período.

5. O pressuposto que admite que a entidade vai continuar a laborar por tempo indeterminado sem necessidade de ser encerrada num futuro previsível, designa-se de:

A: Pressuposto da entidade.

B: Pressuposto do acréscimo.

C: Pressuposto da continuidade.

D: Pressuposto da materialidade.

6. Para o resultado de um determinado período contabilístico devem concorrer todos os rendimentos gerados e todos os gastos suportados com a atividade da entidade nesse período, independentemente do momento em que esses rendimentos e gastos originam despesas/pagamentos e receitas/recebimentos. O pressuposto subjacente é:

A: Pressuposto da continuidade.

B: Pressuposto do acréscimo.

C: Pressuposto da entidade.

D: Pressuposto da unicidade do período contabilístico.

7. Os consumos suportados para obter os rendimentos designam-se de:

A: Despesas.

B: Perdas.

C: Gastos.

D: Pagamentos.

8. O mapa/demonstração onde se apura, pela diferença entre os rendimentos obtidos e os gastos incorridos, o resultado do período designa-se de:

A: Demonstração dos Resultados (DR).

B: Balanço (B) ou Demonstração da Posição Financeira (DPF).

C: Demonstração dos Fluxos de Caixa (DFC).

D: Demonstração das Alterações no Capital Próprio (DACP).

9. Os resultados de um período no início desse mesmo período são sempre:

A: O seu valor depende dos rendimentos e gastos do período anterior.

B: São sempre positivos.

C: São sempre nulos.

D: São sempre negativos.

10. Os rendimentos que a entidade obtém da sua atividade habitual ou ordinária, designam-se de:

A: Réditos.

B: Rendimentos correntes.

C: Ganhos Correntes.

D: Ganhos.

11. Os rendimentos são aumentos de benefícios económicos durante o período contabilístico que resultam sempre em:

A: Aumentos do ativo.

B: Aumentos do capital próprio.

C: Aumentos dos passivos.

D: Diminuição dos gastos.

12. As entradas e as saídas de dinheiro da entidade num determinado período de tempo registam-se num mapa/demonstração que se designa de:

A: Demonstração dos Resultados.

B: Demonstração de caixa.

C: Balanço ou Demonstração da Posição Financeira.

D: Demonstração dos Fluxos de Caixa.

13. A conta onde se reconhece os serviços com a reparação da bicicleta do Toninho, bem como a colocação dos autocolantes com publicidade sobre os serviços prestados pela sociedade Toninho – Corta Relvas, Lda. denomina-se de:

A: Fornecimentos e serviços externos.

B: Caixa.

C: Prestações de serviços.

D: Conservação e reparação.

14. A única conta que é comum ao Balanço e à Demonstração dos Resultados de um determinado período é a conta de:

A: Resultado líquido antes de impostos.

B: Capital.

C: Resultado do período.

D: Resultados Transitados.

15. O mapa/demonstração que faz a ligação entre o Balanço inicial e o Balanço final de um determinado período é a:

A: A Demonstração das Alterações do Capital Próprio.

B: A Demonstração dos Resultados.

C: A Demonstração da Posição Financeira.

D: Nenhuma das anteriores.

CAPÍTULO 5
DINÂMICA EMPRESARIAL

São-lhe apresentadas de seguida 15 questões de escolha múltipla que lhe irão permitir testar os seus conhecimentos sobre os conceitos que aprendeu no capítulo 5.

Se respondeu corretamente a todas estas questões .... então poderá avançar para as questões do próximo capítulo.

1. Sempre que uma entidade necessite de meios para financiar os seus recursos ela pode recorrer exclusivamente a:

A: Financiamentos junto de entidades bancárias.

B: Financiamentos junto dos seus sócios.

C: As operações de locação junto de entidades financeiras.

D: A uma ou a todas as fontes de financiamento elencadas anteriormente, em função dos vários critérios que deve ponderar na escolha das suas fontes de financiamento.

2. O Diário, apesar de não ser já um livro obrigatório segundo o Código Comercial, continua a ser utilizado pelos contabilistas e serve para registar/reconhecer:

A: Mensalmente as operações.

B: Diariamente as operações.

C: Sistematicamente as operações.

D: Cronologicamente as operações.

3. Sempre que se reconhece/regista um valor do lado esquerdo de uma conta diz-se em contabilidade que se:

A: Credita a conta.

B: Debita a conta.

C: Anula a conta.

D: Salda a conta.

4. Dizemos que o saldo de uma qualquer conta é devedor se:

A: Débito acumulado < Crédito acumulado.

B: Débito acumulado > Crédito acumulado.

C: Débito acumulado = Crédito acumulado.

D: Débito acumulado = Crédito Acumulado = zero.

5. Quando aumenta uma conta do ativo de que lado se regista esse aumento? Do lado do débito ou do crédito?

A: Débito e Crédito.

B: Crédito.

C: Débito.

D: Débito ou Crédito, dependendo do valor.

6. Podemos dizer que debitar significa sempre aumentar uma conta e creditar significa sempre diminuir uma conta?

A: Só para contas do ativo.

B: Só para contas do passivo.

C: Só para as contas de capital próprio.

D: Não é verdade em nenhuma situação.

7. O resultado líquido do período anterior (N-1) que transita para este período (N) designa-se de:

A: Resultado do período.

B: Resultado Líquido.

C: Resultado Transitado.

D: Resultado antes de impostos.

8. Qual será o registo que deve ser efetuado no Razão da entidade para esta concreta transação: faturação das prestações de serviços realizados a um cliente a crédito no valor de 50€ (ignore o IVA)?

A: Débito da conta "Clientes, c/c" e crédito da conta "Prestação de serviços".

B: Crédito da conta "Clientes, c/c" e débito da conta "Prestação de serviços".

C: Débito da conta "Depósito à Ordem" e crédito da conta "Prestação de serviços".

D: Crédito da conta "Depósitos à Ordem" e débito da conta "Prestação de serviços".

QUESTÕES

9. Qual será o registo adequado para reconhecer no Razão a seguinte transação: pagamento da fatura referente à aquisição do aparador de relva, no valor de 80€?

A: Débito da conta "Depósitos à Ordem" e crédito da conta "Fornecedores, c/c".

B: Débito da conta "Ativo Fixo Tangível" e crédito da conta "Depósitos à Ordem".

C: Débito da conta "Fornecedores de Investimento" e crédito da conta "Depósitos à Ordem".

D: Débito da conta "Depósitos à Ordem" e crédito da conta "Fornecedores de Investimento".

10. Qual será o registo no razão da seguinte transação: Amortização de um financiamento obtido, por cheque, no valor de 50€?

A: Débito na conta "Financiamentos Obtidos" e crédito na conta "Depósitos à Ordem".

B: Débito na conta "Depósitos à Ordem" e crédito da conta "Financiamentos Obtidos".

C: Débito na conta "Caixa" e crédito na conta "Financiamento Obtidos.

D: Nenhuma das respostas anteriores.

11. As contas de rendimentos, normalmente:

A: Debitam-se e creditam-se.

B: Só se debitam.

C: Só se creditam.

D: Nenhuma das respostas anteriores.

12. A seguinte afirmação "Em todos os registos contabilísticos o total dos débitos tem que ser igual ao total dos créditos" é:

A: Parcialmente falsa.

B: Parcialmente verdadeira.

C: Sempre falsa.

D: Sempre verdadeira.

13. Como se designa o mapa que mensalmente resume os débitos e créditos acumulados até ao respetivo período de referência, bem como o saldo de todas as contas movimentadas?

A: Balanço.

B: Balancete.

C: Inventário.

D: Demonstração dos Resultados.

14. Como se designa o mapa que serve para mensalmente verificar se os registos no Diário foram corretamente passados ao Razão:

A: Balancete final.

B: Balancete retificativo.

C: Balancete de verificação.

D: Balancete de encerramento.

15. Uma regra da contabilidade afirma que os registos contabilísticos movimentam, no mínimo, duas contas. De que forma se processa esse registo:

A: Debitando pelo menos duas contas.

B: Debitando uma ou mais contas e creditando uma ou mais contas.

C: Creditando pelo menos duas contas.

D: Nenhuma das respostas anterior.

CAPÍTULO 6
AJUSTAMENTOS

São-lhe apresentadas de seguida 26 questões de escolha múltipla que lhe irão permitir testar os seus conhecimentos sobre os conceitos que aprendeu no capítulo 6.

1. O desgaste sofrido pelos ativos fixos tangíveis em cada um dos períodos contabilísticos em que esses bens são utilizados na entidade, reconhece-se:

A: No Balanço e na Demonstração dos Resultados desse período.

B: Somente no Balanço.

C: Somente na Demonstração dos Resultados.

D: Na Demonstração dos Fluxos de Caixa e no Balanço.

2. O registo das transações internas, operações que não envolvem entidades exteriores, também alteram os valores constantes das DF das entidades. O registo destas transações no final de um determinado período contabilístico designa-se, frequentemente, de:

A: Trabalho final.

B: Operações de apuramento de resultados.

C: Trabalhos de fim de período.

D: Ajustamentos de fim de período.

3. A compra de um AFT, a crédito ou a pronto pagamento, não envolve o registo de qualquer gasto na data da compra, pois a entidade está apenas:

A: A realizar uma despesa de investimento.

B: A assumir uma obrigação para com um terceiro.

C: A concretizar uma saída de caixa e equivalentes de caixa.

D: Nenhuma das respostas anteriores.

4. Os investimentos porque permitem à entidade obter rendimentos ao longo de vários períodos, são considerados como gastos:

A: No período em que ocorreu o investimento.

B: Ao longo dos vários períodos em que se utilizam esses recursos.

C: No período em que se aliena esse recurso.

D: Nenhuma das respostas anteriores.

5. O pressuposto que admite que a entidade vai continuar a laborar por tempo indeterminado e que não vai ter necessidade de a encerrar num futuro previsível designa-se por:

A: Pressuposto da entidade.

B: Pressuposto da acréscimo.

C: Pressuposto da continuidade.

D: Nenhuma das respostas anteriores.

6. Os investimentos que permitem obter rendimentos ao longo de vários períodos devem ter o seu custo imputado aos gastos desses diferentes períodos, de modo a assegurar um adequado balanceamento dos rendimentos com os gastos incorridos para os obter. Esta regra é normalmente identificada como:

A: Regra do balanceamento.

B: Regra do equilíbrio.

C: Regra da correspondência dos rendimentos e gastos.

D: Nenhuma das respostas anteriores.

7. Os ativos fixos tangíveis ao serem usados ao longo dos vários períodos da sua vida útil vão perdendo valor, vão-se gastando, pois não duram eternamente. Este desgaste sistemático do valor dos AFT designa-se de:

A: Depreciação.

B: Amortização.

C: Perdas por imparidade em AFT

D: Nenhuma das respostas anteriores.

8. Ao processo de reconhecer como gasto a diminuição sistemática de valor sofrida pelos ativos fixos tangíveis (AFT) ou intangíveis (AI), devido a vários fatores como o uso, a passagem do tempo, a obsolescência tecnológica, entre outros, ao longo do tempo designa-se de:

A: Depreciação para AI e Amortização para AFT.

B: Depreciação para AFT e Amortização para AI.

C: Perdas por imparidade em AFT

D: Nenhuma das respostas anteriores.

9. O período de tempo durante o qual se espera que um AFT ou um AI permita à entidade gerar, de modo eficiente, benefícios económicos futuros designa-se de:

A: Tempo de utilização dos ativos com a eficiência adequada.

B: Duração de vida futura.

C: Vida útil.

D: Nenhuma das respostas anteriores.

10. Para determinar a vida útil de um AFT ou de um AI o preparador da contabilidade deve ter em atenção:

A: As normas definidas pelo legislador fiscal nas tabelas genéricas e específicas constantes do Decreto-Regulamentar 25/2009.

B: O tempo que o AFT ou AI produzirá benefícios económicos futuros.

C: O tempo em que o ativo permanecerá na empresa, mesmo que já não esteja a ser utilizado.

D: Nenhuma das respostas anteriores.

11. Ao valor do desgaste sofrido por um ativo fixo tangível num determinado período contabilístico designa-se de:

A: Quota de depreciação.

B: Quota de amortização.

C: Quota de desgaste ou quota perdida.

D: Nenhuma das respostas anteriores.

12. O método, usado para determinar a quota a depreciar, que pressupõe que o ativo proporciona os mesmos rendimentos ao longo de toda a sua vida útil, e que por isso o gasto a reconhecer deve ser sempre constante ao longo da mesma designa-se:

A: Método das quotas degressivas.

B: Método das quotas progressivas.

C: Método da linha reta.

D: Método proporcional.

13. A depreciação/amortização de um AF regista-se:

A: Numa conta do ativo e numa conta de gastos.

B: Numa conta de passivo e em uma conta de rendimentos.

C: Numa conta do ativo e em uma conta do capital próprio.

D: Numa conta de passivo e numa de gastos.

14. O método que refere que as depreciações/amortizações são registadas a crédito na conta dos ativos fixos tangíveis diminuindo assim o seu valor, chama-se:

A: Método direto de depreciação.

B: Método indireto de depreciação.

C: Método constante.

D: Nenhuma das respostas anteriores.

15. O método que refere que as depreciações são registadas a crédito em uma conta do ativo, denominada de depreciações acumuladas, chama-se:

A: Método direto de depreciação.

B: Método indireto de depreciação.

C: Método das quotas constantes.

D: Nenhuma das respostas anteriores.

16. Usando um determinado método a entidade, ao longo dos diferentes períodos contabilísticos da vida útil do bem, mantem a informação sobre o valor de aquisição e sobre o total das depreciações já feitas, pois as depreciações registam-se numa conta diferente da conta onde está reconhecido o AFT. Neste caso este método designa-se de:

A: Método direto de depreciação.

C: Método constante.

B: Método indireto de depreciação.

D: Nenhuma das respostas anteriores.

17. O método de depreciação preconizado pelo SNC é o:

A: Método direto de depreciação.

C: Método das quotas decrescentes.

B: Método indireto de depreciação.

D: Método direto ou indireto.

18. A conta do ativo onde se registam a crédito as depreciações do período que vão transitar para o período seguinte e acumular com as já registadas em períodos anteriores, designa-se de:

A: Depreciações acumuladas.

C: Quotas de depreciação.

B: Depreciações do período.

D: Nenhuma das respostas anteriores.

19. A conta de gastos onde se registam as depreciações do período e que no fim de cada um dos períodos contabilísticos é saldada para apurar o resultado líquido do período, designa-se de:

A: Gastos de depreciação.

C: Depreciações acumuladas.

B: Perdas de depreciação.

D: Nenhuma das respostas anteriores.

20. O regime que refere que em cada período se devem registar os rendimentos correspondentes a esse período e os gastos incorridos para os obter designa-se:

A: Regime da prudência.

B: Regime do acréscimo.

C: Regime do balanceamento.

D: Nenhuma das respostas anteriores.

21. As demonstrações financeiras devem conter sempre os valores do período anterior para permitir que o destinatário realize as suas análises. A caraterística qualitativa que aqui se invoca respeita à:

A: Continuidade.

B: Balanceamento.

C: Comparabilidade.

D: Materialidade.

22. À quantia mais alta de entre o justo valor de um ativo fixo tangível menos os custos de o vender e o seu valor de uso designa-se de:

A: Quantia escriturada.

B: Quantia depreciável.

C: Quantia recuperável.

D: Nenhuma das respostas anteriores.

23. Sempre que o valor de um ativo escriturado/registado na contabilidade não corresponda à sua quantia recuperável, advindo daí uma perda para a empresa, diz-se que o ativo está:

A: Em imparidade.

B: Deficientemente escriturado.

C: Deficientemente depreciado.

D: Nenhuma das respostas anteriores.

24. As perdas por imparidades registam-se numa conta do ativo e numa conta de gasto, denominadas respetivamente de:

A: Perdas acumuladas e imparidades.

B: Perdas por imparidades do período.

C: Perdas por imparidades acumuladas e perdas por imparidade.

D: Nenhuma das respostas anteriores.

25. Para registar o reconhecimento de uma perda por imparidade num ativo fixo tangível:

A: Debita-se a conta "Perdas por imparidade em ativos fixos tangíveis" e credita-se a conta "Perdas por imparidades acumuladas".

B: Debita-se a conta "Perdas por imparidades acumuladas" e credita-se a conta "Perdas por imparidade em ativos fixos tangíveis".

C: Debita-se "Perdas por imparidade em ativos fixos tangíveis" e credita-se a conta de "Ativos Fixos Tangíveis".

D: Nenhuma das respostas anteriores.

26. As contas de "Imparidades acumuladas" e a conta de "Depreciações acumuladas" aparecem autonomamente reconhecidas:

A: No Balanço.

B: Na Demonstração dos Resultados.

C: Na Demonstração dos Fluxos de Caixa.

D: Nenhuma das respostas anteriores.

Se respondeu corretamente a todas as questões .... então agora pode considerar-se um verdadeiro Contabilista.

Parabéns!!!!!!

9
—
GRELHA DE RESPOSTAS
—

CAPITULO 1

Respostas:

1. – A	4. – B	7. – C	10. – A	13. – A
2. – D	5. – C	8. – A	11. – B	14. – C
3. – B	6. – A	9. – C	12. – D	15. – B

CAPITULO 2

Respostas:

1. – A	4. – B	7. – C	10. – A	13. – A
2. – D	5. – C	8. – A	11. – B	14. – C
3. – B	6. – A	9. – C	12. – D	15. – B

CAPITULO 3

Respostas:

1. – A	4. – B	7. – C	10. – A	13. – A
2. – D	5. – C	8. – A	11. – B	14. – C
3. – B	6. – A	9. – C	12. – D	15. – B

CAPITULO 4

Respostas:

1. – A	4. – B	7. – C	10. – A	13. – A
2. – D	5. – C	8. – A	11. – B	14. – C
3. – B	6. – A	9. – C	12. – D	15. – B

CAPITULO 5

Respostas:

1. – D	4. – B	7. – C	10. – A	13. – B
2. – D	5. – C	8. – A	11. – C	14. – C
3. – B	6. – A	9. – C	12. – D	15. – B

CAPITULO 6

Respostas:

1. – A	8. – B	15. – B	22. – C
2. – D	9. – C	16. – B	23. – A
3. – A	10. – B	17. – B	24. – C
4. – B	11. – A	18. – A	25. – A
5. – C	12. – C	19. – A	26. – D
6. – A	13. – A	20. – B	
7. – A	14. – A	21. – C	

BIBLIOGRAFIA

BORGES, António; RODRIGUES, José Azevedo; RODRIGUES, José Miguel, RODRIGUES, Rogério. (2007). *As novas demonstrações financeiras de acordo com as normas internacionais de contabilidade*. 2.ª ed. Lisboa: Áreas Editora.

BORGES, António; RODRIGUES, Azevedo; RODRIGUES, Rogério. (2014). *Elementos de Contabilidade Geral (de acordo com o SNC)*. 26.ª Ed., Lisboa: Áreas Editora.

GRENHA, Carlos, CRAVO, Domingos, BATISTA, Luís; PONTES, Sérgio (2009). *Anotações ao Sistema de Normalização Contabilistica*. Lisboa: Câmara dos Técnicos Oficiais de Contas.

JENSEN, L. (2007). *Fundamental Accounting principles*. Canadá: McGraw-Hill.

RODRIGUES, Ana Maria; CARVALHO, Carla; CRAVO, Domingos e AZEVEDO, Graça. (2015). *SNC – Contabilidade Financeira: sua aplicação*, Reimpressão da 2.ª Ed., Coimbra: Edições Almedina.

RODRIGUES, Ana Maria (Coord.). (2016). *SNC – Sistema de Normalização Contabilística*, 3.ª Ed., Coimbra: Edições Almedina.

ÍNDICE

PREFÁCIO 5
PREFÁCIO DA 2.ª EDIÇÃO 9
INTRODUÇÃO 13

— 1 —
A EMPRESA E A INFORMAÇÃO FINANCEIRA 15

A EMPRESA 17
A INFORMAÇÃO FINANCEIRA 20
OS DADOS CONTABILÍSTICOS 21
OS OBJETIVOS DA INFORMAÇÃO FINANCEIRA 23
OS UTENTES DA INFORMAÇÃO FINANCEIRA 25
O CONTABILISTA E A INFORMAÇÃO FINANCEIRA 27
A CONTABILIDADE E A INFORMAÇÃO FINANCEIRA 28
A HARMONIZAÇÃO E A NORMALIZAÇÃO CONTABILÍSTICA
E A INFORMAÇÃO FINANCEIRA 31
O SISTEMA DE NORMALIZAÇÃO CONTABILÍSTICA (SNC)
E A INFORMAÇÃO FINANCEIRA 33
O FUTURO DA INFORMAÇÃO FINANCEIRA 35

— 2 —
O CONCEITO DE PATRIMÓNIO, ATIVO, PASSIVO
E CAPITAL PRÓPRIO 37

CONCEITO DE PATRIMÓNIO 39
VALOR DO PATRIMÓNIO 43
EQUAÇÃO FUNDAMENTAL DA CONTABILIDADE 44
DEFINIÇÃO DE ATIVO 46
DEFINIÇÃO DE PASSIVO 49
DEFINIÇÃO DE CAPITAL PRÓPRIO 51

— 3 —
O BALANÇO OU DEMONSTRAÇÃO DA POSIÇÃO FINANCEIRA 53

PRINCÍPIO DA ENTIDADE EMPRESARIAL 55

O BALANÇO 57

O CICLO OPERACIONAL 60

ATIVO CORRENTE E ATIVO NÃO CORRENTE 62

PASSIVO CORRENTE E PASSIVO NÃO CORRENTE 64

ORDENAÇÃO DO ATIVO E PASSIVO NO BALANÇO/
DEMONSTRAÇÃO DA POSIÇÃO FINANCEIRA 65

CONTA 67

APRESENTAÇÃO DAS CONTAS NO BALANÇO 70

IMPACTO NO BALANÇO DAS TRANSAÇÕES ECONÓMICAS
REALIZADAS 73

O PERÍODO CONTABILÍSTICO 80

DO BALANÇO À DEMONSTRAÇÃO DA POSIÇÃO FINANCEIRA 81

— 4 —
A DEMONSTRAÇÃO DOS RESULTADOS E A DEMONSTRAÇÃO DOS FLUXOS DE CAIXA 83

DA DEMONSTRAÇÃO DA POSIÇÃO FINANCEIRA
À DEMONSTRAÇÃO DOS RESULTADOS 85

RENDIMENTOS 89

GASTOS 91

AS CONTAS DE GASTOS E DE RENDIMENTOS 94

A DEMONSTRAÇÃO DOS FLUXOS DE CAIXA 97

— 5 —

DINÂMICA EMPRESARIAL   101

CONTABILIDADE NA DINÂMICA EMPRESARIAL   103

O DIÁRIO E O RAZÃO   110

A CONTA EM "T"   111

MÉTODO DIGRÁFICO   113

REGRAS DE MOVIMENTAÇÃO DE CONTAS   114

DO BALANÇO INICIAL AO BALANÇO FINAL   117

REGISTO DE TRANSAÇÕES NO RAZÃO   119

REGISTO DE TRANSAÇÕES NO DIÁRIO   128

O RAZÃO GERAL   129

— 6 —

AJUSTAMENTOS   133

AJUSTAMENTOS DE FIM DE PERÍODO   136

DEPRECIAÇÕES   138

DETERMINAÇÃO DAS QUOTAS DE DEPRECIAÇÃO   142

REGISTO DE DEPRECIAÇÕES   144

GASTOS A RECONHECER   147

PERDAS POR IMPARIDADE   150

RECONHECIMENTO DAS DEPRECIAÇÕES ACUMULADAS
    E DAS PERDAS POR IMPARIDADES ACUMULADAS
    NO BALANÇO   151

— 7 —

AS DEMONSTRAÇÕES FINANCEIRAS DA SOCIEDADE "TONINHO CORTA-RELVAS, LDA." NO PERÍODO DE 16/07/N A 22/07/N   155

AGORA SIM PODIA ENTREGAR AS DF COM ALGUMA
SEGURANÇA   157

— 8 —

QUESTÕES 177

— 9 —

GRELHA DE REPOSTAS 207

BIBLIOGRAFIA 213